CONHECIMENTO LÍQUIDO

Valter Bahia Filho
Prefácio por Alexandre Santille

CONHECIMENTO LÍQUIDO

INSIGHTS sobre **NEUROCIÊNCIAS**, aprendizagem e humanização organizacional

ALTA BOOKS
EDITORA
Rio de Janeiro, 2020

Conhecimento Líquido
Copyright © 2020 da Starlin Alta Editora e Consultoria Eireli. ISBN: 978-85-508-1347-9

Todos os direitos estão reservados e protegidos por Lei. Nenhuma parte deste livro, sem autorização prévia por escrito da editora, poderá ser reproduzida ou transmitida. A violação dos Direitos Autorais é crime estabelecido na Lei nº 9.610/98 e com punição de acordo com o artigo 184 do Código Penal.

A editora não se responsabiliza pelo conteúdo da obra, formulada exclusivamente pelo(s) autor(es).

Marcas Registradas: Todos os termos mencionados e reconhecidos como Marca Registrada e/ou Comercial são de responsabilidade de seus proprietários. A editora informa não estar associada a nenhum produto e/ou fornecedor apresentado no livro.

Impresso no Brasil — 1ª Edição, 2020 — Edição revisada conforme o Acordo Ortográfico da Língua Portuguesa de 2009.

Publique seu livro com a Alta Books. Para mais informações envie um e-mail para autoria@altabooks.com.br

Obra disponível para venda corporativa e/ou personalizada. Para mais informações, fale com projetos@altabooks.com.br

Produção Editorial	Produtor Editorial	Marketing Editorial	Editores de Aquisição	Ouvidoria
Editora Alta Books	Illysabelle Trajano	Lívia Carvalho	José Rugeri	ouvidoria@altabooks.com.br
Gerência Editorial	Juliana de Oliveira	marketing@altabooks.com.br	j.rugeri@altabooks.com.br	
Anderson Vieira	Thiê Alves	**Vendas Atacado e Varejo**	Márcio Coelho	
	Assistente Editorial	Daniele Fonseca	marcio.coelho@altabooks.com.br	
	Laryssa Gomes	Viviane Paiva		
		comercial@altabooks.com.br		

	Adriano Barros	Larissa Lima	Paulo Gomes	Thales Silva
Equipe Editorial	Ana Carla Fernandes	Leandro Lacerda	Raquel Porto	Thauan Gomes
	Ian Verçosa	Maria de Lourdes Borges	Rodrigo Dutra	
	Keyciane Botelho	Meira Santana	Thais Dumit	

Revisão Gramatical	Capa/Projeto Gráfico
Diego Gonçalves	e Diagramação
Fernanda Lutfi	Joyce Matos

Erratas e arquivos de apoio: No site da editora relatamos, com a devida correção, qualquer erro encontrado em nossos livros, bem como disponibilizamos arquivos de apoio se aplicáveis à obra em questão.

Acesse o site www.altabooks.com.br e procure pelo título do livro desejado para ter acesso às erratas, aos arquivos de apoio e/ou a outros conteúdos aplicáveis à obra.

Suporte Técnico: A obra é comercializada na forma em que está, sem direito a suporte técnico ou orientação pessoal/exclusiva ao leitor.

A editora não se responsabiliza pela manutenção, atualização e idioma dos sites referidos pelos autores nesta obra.

Dados Internacionais de Catalogação na Publicação (CIP) de acordo com ISBD

B151c	Bahia Filho, Valter
	Conhecimento Líquido: Insights sobre neurociências, aprendizagem e humanização organizacional / Valter Bahia Filho. - Rio de Janeiro : Alta Books, 2020.
	192 p. : il. ; 16cm x 23cm.
	Inclui bibliografia e índice.
	ISBN: 978-85-508-1347-9
	1. Neurociência. 2. Aprendizagem. 3. Humanização organizacional. I. Massaron, Luca. II. Gaio, Carolina. III. Título.
2020-467	CDD 612.8
	CDU 612.8

Elaborado por Vagner Rodolfo da Silva - CRB-8/9410

Rua Viúva Cláudio, 291 — Bairro Industrial do Jacaré
CEP: 20.970-031 — Rio de Janeiro (RJ)
Tels.: (21) 3278-8069 / 3278-8419
www.altabooks.com.br — altabooks@altabooks.com.br
www.facebook.com/altabooks — www.instagram.com/altabooks

"QUANDO UMA CRIATURA HUMANA DESPERTA PARA UM GRANDE SONHO, E SOBRE ELE LANÇA TODA A FORÇA DE SUA ALMA, TODO O UNIVERSO CONSPIRA A SEU FAVOR."

GOETHE

SOBRE O AUTOR

Valter Bahia Filho, natural de Salvador, é radicado em São Paulo desde 1998. Sua base de conhecimentos une artes cênicas e ciências humanas. É ator com DRT, palestrante e professor, além de especialista no desenvolvimento de habilidades socioemocionais em organizações de vários setores com atuação em todo o Brasil. Possui especializações em Psicologia Positiva, Neurociências aplicada à Aprendizagem, Comunicação Empresarial e Recursos Humanos. Valter também é um coach certificado, *Practitioner* em Programação Neurolinguística – PNL, e professor convidado de MBA no programa de pós-graduação de uma universidade particular, em São Paulo.

Missão pessoal: Contribuir para o crescimento do país por meio de programas de aprendizagem corporativa.

Visão: Ser referência em desenvolvimento humano e empresarial (*Soft Skills*).

Valores: Ética, Integridade, Respeito, Conhecimento, Transparência, Humanização, Empatia, Colaboração e Credibilidade.

Visite o perfil do autor no LinkedIn para conhecer suas palestras, workshops e treinamentos: *Valter Bahia Filho*

Contato: *valter.bahia@gmail.com*

"É COM O CORAÇÃO QUE SE VÊ CORRETAMENTE; O ESSENCIAL É INVISÍVEL AOS OLHOS."

Antoine de Saint-Exupéry

DEDICATÓRIA

Este livro é dedicado carinhosamente aos meus pais, senhor Valter da Silva Bahia e senhora Evanina Miranda Bahia, que me deram a vida e me ensinaram a viver com dignidade, força e paixão.

AGRADECIMENTOS

Agradeço:

À equipe da Editora Alta Books, que contribuiu para a realização deste livro. Ao Alexandre Santille, pelo belíssimo prefácio introdutório desta obra. Ao Roberto Koln e à Susana Zinner Koln (ambos *in memoriam*), amigos eternos e pessoas essenciais que influenciaram positivamente o meu crescimento pessoal e profissional. Ao Jean-Claude Bernardet, amigo e mentor de vida. Ao Antunes Filho (*in memoriam*), mestre teatral que contribuiu para minha investigação técnica, rigor estético, ampliação e aprofundamento cultural.

Agradeço ainda a todos os grandes pensadores que me inspiram de inúmeras maneiras: Paulo Freire, Rubem Alves, Cora Coralina, Stephen Covey, Mahatma Gandhi, Peter Drucker, Brian Tracy, Ram Charan, Daniel Goleman, Patrick Lencioni, Dale Carnegie, Malcolm Knowles, Sanjiv Chopra, Donald Kirkpatrick, Calhoun Wick, Roy Pollock, Andrew Jefferson e Carl Rogers.

E ao meu amigo-irmão, Evandro César Cruz.

"NÃO É O MAIS FORTE QUEM SOBREVIVE, NEM O MAIS INTELIGENTE, MAS O QUE MELHOR SE ADAPTA ÀS MUDANÇAS."

CHARLES DARWIN

PREFÁCIO POR ALEXANDRE SANTILLE

Conheço Valter há um tempo e sei da paixão que ele tem por aprender a aprender. Juntos construímos e entregamos vários programas de Educação Corporativa que, sem dúvida nenhuma, enriqueceram nossas experiências com o universo da aprendizagem e aumentaram nossa bagagem de conhecimento. Em cada novo desafio, vi como sua forma de pensar é capaz de conectar diversas áreas e temas para compor novas ideias e soluções.

Não à toa, esta coletânea de artigos reflete essa capacidade. Fazendo um *mix* inusitado entre Neurociência, Teatro e Comunicação, suas áreas de *expertise*, Valter consegue trazer uma visão única do processo de aprendizagem, baseada em sua rica trajetória como artista, desenvolvedor e eterno aprendiz.

É um prazer poder apresentar um trabalho que admiro e com o qual me identifico. Afinal, as ideias apresentadas aqui consolidam muito do que acredito sobre aprendizagem: não existe receita e sempre há espaço para descobrirmos novas formas de aprender. Ainda mais no atual cenário, que demanda como nunca a ampliação de horizontes e a busca em diversos campos para testar novas abordagens, levando à descoberta de novos ingredientes, combinações e aplicações, como Valter faz.

Desde que Zygmunt Bauman cunhou o conceito de "modernidade líquida" — que descreve um mundo caracterizado pela fluidez, leveza e por um contexto infinitamente mais dinâmico do que o mundo sólido e tangível — compreender que hoje o conhecimento também é líquido faz todo sentido. Em "tempos líquidos", o volume de informações disponível aumentou tanto que não conseguimos assimilar tudo. E, mesmo que isso fosse possível, as informações precisariam ser filtradas e destiladas para fazer sentido.

Talvez por isso a própria estrutura do livro se apresente como um reflexo desse contexto mais fluido, natural e espontâneo. Partindo da Neurociência para mostrar como nossa mente aprende, fazendo conexão com a corrente da Aprendizagem Corporativa e desembocando no universo da Comunicação e Performance, Valter consegue nos trazer reflexões frescas, que nos relembram como é fundamental cada um estar conectado consigo mesmo, conhecer-se e incorporar as emoções no processo de aprendizagem.

Especialmente, o desafio da Aprendizagem Corporativa é abordado de forma inteligente, numa busca diferenciada por estratégias que otimizem no longo prazo o que pode ser alcançado por meio da aprendizagem, tanto para as pessoas como para as empresas.

Soma-se a isso tudo o potencial que a tecnologia tem para transformar e apoiar a aprendizagem. Afinal, seremos cada vez mais *"homo discens"* — o homem que aprende. Especialmente quando o homem aproveita todas as oportunidades que se apresentam, como Valter, que expressa muito bem esse desafio quando fala de propósito e *Lifelong Learning*, englobando toda atividade intencional de aprendizagem, formal ou informal, realizada com o objetivo de aperfeiçoar conhecimentos, habilidades e competências. Como Valter diz: "Com o anzol na mão, aprendi a pescar."

O ponto alto deste trabalho se deve ao seu objetivo mais fundamental: ser útil, servir. Lembrando que ajudar as pessoas a serem mais conscientes de seus próprios processos de pensamento quando aprendem aumenta as chances de que consigam adquirir novas habilidades ao longo da vida.

Em suma, este livro chega para, ao mesmo tempo, ajudar a organizar os conhecimentos sobre aprendizagem de uma forma singular, oferecer dicas práticas de um jeito simples e direto, e para provocar novas reflexões, ressignificar e potencializar a experiência de aprender ao longo da vida.

Seja você profissional da área de educação, interessado no desenvolvimento humano ou, simplesmente, em aprender e desenvolver uma inteligência mais fluida para resolver novas questões, esse livro é para você.

Boa leitura!

Alexandre Santille

SUMÁRIO

INTRODUÇÃO	**1**

PARTE 1: APRENDIZAGEM E NEUROCIÊNCIA: COMO AS PESSOAS APRENDEM	**13**
Neuroaprendizagem: nosso cérebro é um órgão social	15
Neurociência como Estratégia em Aprendizagem	21
Processo de neurociência em aprendizagem	27
Drops sobre a Teoria Significativa da Aprendizagem	31
Qual é o seu modelo mental?	35

PARTE 2: APRENDIZAGEM CORPORATIVA	**39**
Neurociência e aprendizagem corporativa	41
Neuroaprendizagem organizacional	47
Reflexões sobre a inteligência no processo de aprendizagem corporativa	53
Funções Cerebrais em Aprendizagem Corporativa	59
O cérebro em mutação influenciado pela aprendizagem corporativa	63
A atenção no processo de aprendizagem corporativa	67
Processos emocionais em educação corporativa	73
Aprendizagem corporativa e memória	77
Os números no processo de aprendizagem corporativa	83
O poder da ressignificação nas equipes	87
Maneiras simples de aumentar a produtividade	91
Drops sobre o modelo de avaliação de Kirkpatrick	95

PARTE 3: COMUNICAÇÃO E PERFORMANCE	**99**
Teatro, cérebro e performance	101
Dez maneiras para se comunicar melhor	111
Os quatro objetivos básicos de uma apresentação	119

Com que roupa eu vou? — insights sobre a imagem profissional
no mundo dos negócios   123

Autoestima e produtividade   129

Diversidade e inclusão   133

Liderando pelo propósito: o papel das lideranças   137

PARTE 4: ENCERRAMENTO   141

ORAÇÃO DE FRANCISCO DE ASSIS[3]   145

BÔNUS: ARTIGO CIENTÍFICO   147

Contribuições da neurociência para aprendizagem nas organizações   147

Aprendizagem e aprendiz — insights sobre o futuro   159

REFERÊNCIAS   163

ÍNDICE   175

INTRODUÇÃO

"CONHEÇA TODAS AS TEORIAS, DOMINE TODAS AS TÉCNICAS, MAS, AO TOCAR UMA ALMA HUMANA, SEJA APENAS OUTRA ALMA HUMANA."

CARL GUSTAV JUNG[1]

O ser humano vive a era do conhecimento. Conhecimento é poder. Comecei a construir minha identidade profissional a partir da arte, e assim foi possível desenvolver uma visão criativa do mundo e da potencialidade das relações humanas. Foi possível, ainda, reinventar-me a partir de novos conhecimentos. Posso dizer que minha alma é de eterno aprendiz.

A humanidade vive um período histórico maravilhoso: a era da difusão do conhecimento impulsionada pelas novas tecnologias e pela pós-popularização da internet. A democratização do conhecimento não tem barreiras geográficas ou limitações temporais. É possível aprender a qualquer hora do dia e em qualquer lugar. Esta é uma época repleta de abundância e novas oportunidades, na qual o conhecimento flui como um líquido por todos os lugares e em todas as direções.

Profissionais da aprendizagem, ou pessoas que dependem de outras para realizar seu trabalho, sem dúvida precisam compreender essa nova dinâmica das relações cognitivas interpessoais. As novas tecnologias vieram para somar e ampliar a inteligência humana. A dinâmica da troca de conhecimentos entre pessoas ganhou velocidade e fluidez. Felizmente, nenhum ser humano, por mais brilhante que possa ser, seria capaz de deter todos os conhecimentos do mundo. A humanidade é um grande mosaico de conhecimentos múltiplos e diversos em que o todo é maior que a soma das partes.

Você talvez possa aprender com os outros e os outros talvez possam aprender com você. Para isso, é preciso que o ser humano tenha disposição e abertura para aprender, desaprender e reaprender a aprender durante toda a sua vida.

A otimização do seu processo de aprendizagem dependerá basicamente de dois fatores. O primeiro é a utilidade que o novo conhecimento adquirido terá para você viver melhor. Ao reconhecer os benefícios da aprendizagem sua atenção ganhará foco. O segundo fator decisivo está na maneira com que você lida com o erro. Se o seu modelo mental for direcionado para o crescimento, é possível que você perceba no erro uma oportunidade de aprendizado. Mas, caso você acredite ser uma pessoa inteligente, provavelmente ficará desapontada com os seus erros. Vou abordar a questão dos modelos mentais no capítulo intitulado *Qual o seu modelo mental?*

Mais do que nunca, é preciso ter consciência da importância da aprendizagem contínua durante a vida. As experiências profissionais tendem a ser cada vez mais diversificadas ao longo de uma carreira. Você sabe o que são *transferable skills*, ou habilidades transferíveis? Alguns exemplos: liderança, gestão do tempo, trabalho em equipe, criatividade, negociação e habilidade analítica, entre outras. A boa notícia é que, com elas na bagagem de vida, as pessoas estão cada vez mais preparadas para os novos desafios profissionais, independentemente da área de atuação.

No mundo contemporâneo de conhecimento líquido, o ser humano vive a era da heutagogia,[2] na qual a aprendizagem é autodirigida pelo indivíduo por meio do seu sistema de valores, proatividade e liderança pessoal. É o desenvolvimento e a atualização da ca-

Introdução   3

pacidade de aprender a aprender. Algumas pessoas chegam a idades avançadas de uma forma em que é possível notar que não aprenderam quase nada da vida ou das relações humanas. Isso ocorre não porque elas não tivessem capacidade de aprender, mas porque provavelmente não estiveram abertas a aprender. Se alguém não estiver disposto, ou não quiser aprender, pode estar nas melhores universidades do mundo, porém pouco ou nada aprenderá. Por outro lado, pessoas que têm amor ao aprendizado verão uma oportunidade de aprender coisas novas em qualquer lugar que estejam. Para o ser humano aprender, é preciso estar aberto e querer aprender. Isso faz sentido para você? Penso que essa possa ser uma boa reflexão para você começar a leitura deste livro.

A troca de conhecimentos pode ocorrer de várias maneiras, seja pelo contato presencial entre pessoas — um bate papo qualquer, uma visita a um museu, um curso etc. — seja mediada por meios físicos ou digitais. No século XXI, o conhecimento está na palma das mãos. Uma pessoa pode aprender algo novo por um smartphone de várias maneiras: podcasts, vídeos e blogs são alguns exemplos. Mas muitas pessoas ainda não perceberam conscientemente que o celular é um aparelho que se tornou uma ferramenta no processo de aprendizagem para aquisição de novos saberes. Como disse Maurício Benvenutti, as novas tecnologias desmaterializaram produtos como calculadoras, dicionários, despertadores, agendas etc.[3] Nesse cenário, é possível perceber uma analogia com duas das quatro nobres verdades do Budismo: a imaterialidade e a impermanência da realidade.

A aprendizagem autônoma (*self-directed learning*) não necessariamente é individual, podendo ser estimulada no ambiente de trabalho com o objetivo de atualizar permanentemente a gama de novos conhecimentos das pessoas. No século XXI, o conhecimento é disseminado principalmente pela conectividade móvel, mas muitas vezes se evapora como um líquido volátil, pois boa parte da humanidade não tem consciência dessa oportunidade de aprendizagem. Vale ressaltar que, na era do conhecimento, a facilidade ao acesso pode ser um caos ou uma fonte de oportunidades de aprendizado e soluções. Um exemplo é o conceito de educação 4.0, em que o professor deixa de ser o protagonista e passa a mediar o desenvolvimento do aluno com foco na realidade diária e o uso ampliado de tecnologia.[4] Assim, é possível dar mais ênfase às habilidades digitais e aprender a lidar com pessoas de forma colaborativa.

Na era da pós-popularização da internet, e do crescimento da inteligência artificial, mais do que nunca é fundamental ajudar a facilitar o processo de novamente aprender a aprender. Apesar das novas tecnologias, uma peça é e continuará a ser essencial em todos os processos: o ser humano. A humanização e o uso da empatia com inteligência nas relações interpessoais no trabalho têm grande impacto positivo e valor para as organizações, assim como melhora o clima e gera resultados para o negócio. Contudo, essa é uma questão que vai além da esfera organizacional, pois diz respeito às pessoas como indivíduos e como sociedade.

O conhecimento só faz sentido se for útil, se ajudar a vida a ficar melhor, a promover o bem-estar e a prosperidade. Caso contrário, poderá ser sucata, ocupando espaço do seu HD mental ou físico desnecessariamente. No século XXI, o volume e a diversidade de conhecimento que transbordam no mundo se assemelham ao volume de água que compõe a maior parte do planeta Terra. A água pode estar submersa, pode fluir para várias direções como rios, mas muitas vezes pode estar parada, estagnada. O conhecimento, assim como a água, precisa de movimento para se manter vivo e saudável. Ninguém deseja morrer de sede em frente ao mar. Nesse sentido, cabe aos profissionais de aprendizagem — aos líderes, pais ou simplesmente pessoas que têm amor pela aprendizagem — compartilharem seus conhecimentos e estarem permanentemente dispostos a começar algo novo.

A humanidade vive a era da democratização do conhecimento. Outro dia ouvi uma reflexão bastante interessante que dizia algo mais ou menos assim: "a única coisa que uma máquina não vai aprender direito é a fazer uma boa pergunta." A intuição, o pensamento crítico, a imaginação criativa e a capacidade de sentir ainda são atributos essencialmente humanos.

Lifelong Learning, ou aprendizagem continuada, é um conceito vital para o ser humano sobreviver neste presente incerto e repleto de inovação. Atualmente, não faz mais sentido educar alguém por apenas uma parte de sua vida. A filosofia de "nunca é cedo ou tarde demais para aprender" entrou em voga com força. O ser humano vive mais. Quanto mais uma pessoa aprende novos conhecimentos ao longo da vida, mais ela será capaz de se adaptar às mudanças da nova economia.[5] Esta é uma era instigante. Como disse Alvin Toffler[6]: "Os analfabetos deste século não são aqueles que não sabem ler ou escrever. Mas os incapazes de aprender, desaprender e aprender de novo."[7] Talvez isso possa parecer algo inquietante ou desafiador para você, mas saiba que as mudanças estão apenas começando; é inimaginável como será a vida na Terra nos próximos vinte ou trinta anos, mas certamente vai melhorar muito. Portanto, para viver melhor essa transformação, é preciso haver disposição, energia física e mental e muita flexibilidade cognitiva. Nunca é cedo ou tarde demais para aprender algo novo. Como disse Paulo Freire[8]: "Ninguém nasce feito, é experimentando-nos no mundo que nós nos fazemos."

Ter abertura para dialogar com a diversidade de pensamento é crucial para abrir a mente e reinventar-se como profissional neste mundo. Esforçar-se diariamente para se desenvolver é algo que deve estar harmonizado com os seus valores mais profundos. Grandes transformações partem de uma decisão interna, de dentro para fora.[9]

As metáforas são ferramentas importantes no processo de aprendizagem e em toda formação cognitiva do ser humano. Em figura de linguagem, você pode se ver ou ver a sua empresa navegando nesse oceano como um barco a vela ou como um barco a motor. Mas vamos pensar juntos: barcos a vela, para alcançarem o seu objetivo, dependem de fatores externos como o vento, correnteza, condição climática em geral etc. Barcos a motor, com vento ou sem vento, com chuva ou com sol, avançam para alcançar o seu objetivo.

Introdução 5

A força vem de dentro e pode transformar as circunstâncias. Se na sua percepção você acredita que a responsabilidade do que acontece com você é sua, esse conceito é o que os psicólogos chamam de *locus de controle interno*. Ou seja, você assume o protagonismo na sua vida. Isso vale não apenas para ao processo de aprender, mas para tudo na sua vida. Pense nisso.

Neste livro você conhecerá muito do Valter. Acredito que toda obra literária ou artística não deixa de ser um pouco autobiográfica, pois tem os filtros de percepção de quem a escreve. Reuni nessa obra um pouco de tudo que tenho aprendido com a vida. Acredito que o amadurecimento, como disse Stephen Covey,[10] é um processo espiral ascendente.[11] Quando o ser humano amadurece, transforma o seu "ser" e passa a "ver" coisas que antes não conseguia. Ou seja, o "ser" altera o "ver", que por sua vez altera o "ser", e assim por diante, transformando e expandindo a consciência do indivíduo, alterando o seu modelo mental numa espiral ascendente por toda a vida. Uma provocação: amadurecer não tem relação direta com o tempo cronológico; algumas pessoas envelhecem, mas não amadurecem.

A educação fez mudar meu mapa de mundo, ajudou a transformar o meu ser e a fazer com que eu visse coisas que antes não via, a compreender o valor das coisas simples e a desenvolver a comunicação empática e a conexão com os outros. O conhecimento pode acelerar a curva de aprendizagem da vida.

Escrever um livro é por vezes uma experiência solitária, que exige autodisciplina, foco e organização mental para estruturar e canalizar ideias, conhecimentos tácitos e explícitos acumulados e diluídos ao longo do tempo. Neste mergulho, percebi claramente o quanto as pessoas são importantes para mim, o quanto o conhecimento é líquido e, principalmente, que aprender é coisa da vida. Muitas pessoas têm sabedoria sem ter instrução formal; outras têm profundo conhecimento acadêmico, mas não possuem caráter ético ou habilidades socioemocionais desenvolvidas para compartilhá-lo com outras pessoas. De nada adianta conhecer profundamente a carta de vinhos de um restaurante sofisticado e não saber ser gentil com o garçom.

A disseminação do conhecimento é também questão de princípios, atitude, tecnologia e autoconfiança. Por exemplo, quanto mais tecnologias disponíveis mais é possível conhecer o funcionamento cerebral dos seres humanos. Até meados do século XX, o indivíduo não sabia que o cérebro é capaz de aprender ao longo de toda a vida e que ele se transforma estruturalmente a partir do aprendizado, processo esse chamado de neuroplasticidade. Exames como a ressonância magnética funcional (RMF) e o eletroencefalograma foram cruciais para os avanços das descobertas do funcionamento cognitivo do cérebro, para uma relação de quais das suas áreas são ativadas por estímulos internos (o pensamento) e estímulos externos (o meio). Com isso, a humanidade avançou muito em pouco tempo. Nesse contexto, a tecnologia pode contribuir muito para o ser humano entender o processo de aprender.

Pessoas que fazem parte de minhas relações pessoais ou que me conheceram em algum programa de desenvolvimento humano em empresas sabem qual é a minha relação com a aprendizagem e o conhecimento. Sinto bem-estar em adquirir novos conhecimentos e compartilhá-los. Essa dinâmica faz parte do meu processo evolutivo. Conhecimento é algo que ninguém rouba de ninguém. Esse é um pensamento libertador que ajuda a vida a fluir melhor, com mais generosidade e de maneira mais leve. Tenho prazer genuíno e paixão por compartilhar conhecimento. Acredito que boas ideias merecem ser disseminadas. Para mim, essa boa prática representa fonte de criatividade, energia e inspiração. Como sempre digo, é a partir do senso de propósito que é possível gerar conexão com o coração do outro. O caráter modela a personalidade, o comportamento. A paixão por compartilhar conhecimento de maneira simples e direta faz o meu coração bater mais forte.

Como disse Bruce Barton[12]: "Nada de esplêndido jamais foi realizado a não ser por aqueles que ousaram acreditar que algo dentro deles era superior às circunstâncias."

Permita-se libertar o seu mestre interior. Este livro sugere uma reflexão a respeito de como a aprendizagem pode contribuir para desenvolver o extraordinário potencial de sucesso e realização de pessoas e empresas. Como disse Margarida Kunsch[13]: "Empresas são feitas por pessoas." Mas talvez você se pergunte mentalmente se isso não seria óbvio. Então eu lembro que a obviedade é somente um ponto de vista e, às vezes, esse "detalhe" de que empresas são feitas por pessoas pode ser esquecido.

A palavra-chave aqui é "propósito", elemento essencial para engajar times e conectá-los aos clientes. Esse impacto positivo pode gerar ganhos pessoais e organizacionais. Os benefícios são diversos, todos ganham: empresas, funcionários e clientes. Suas atitudes precisam refletir seus valores e princípios.

Vou fazer uma confissão sobre mim mesmo e sobre as origens deste livro. Na juventude, não cultivei o gosto pelos estudos. Naquela época, tive até certa dificuldade em concluir os estudos. Assim como tantas pessoas, caí na armadilha mental de achar que as pessoas mais bem-sucedidas que eu tinham mais sorte e eram bem mais inteligentes. Confesso que não me orgulho nem um pouco dessa fase de minha vida. A única área do saber que me despertava profundo interesse e curiosidade eram as artes cênicas; aos 18 anos, após assistir à peça teatral "Deus", de Woody Allen,[14] na Universidade Federal da Bahia (UFBA), decidi aprofundar meus estudos em teatro. E foi o que fiz ao me tornar ator profissional com DRT, aos 23 anos. Comecei a amar verdadeiramente os livros já na idade adulta. Se o ser humano fosse fácil de entender, nasceria com bula. A arte teve papel essencial no meu processo de compreensão da alma humana. Fui um aprendiz curioso e autodidata de estilos de interpretação, direção teatral, técnicas de corpo e voz, e dramaturgia.

O cérebro humano é um órgão social, aprendemos quando interagimos. Foram horas intermináveis de workshops, cursos, pesquisas e experimentações. Essa é uma bagagem de vida que levo e compartilho com êxito no mundo corporativo. Ela potencializou minha criatividade e tornou-se a base de meu trabalho como facilitador, principalmente em temas como *Training of Trainers* (ToT ou, em português, Formação de Facilitadores).

Introdução   7

Como surgiu a ideia do livro? Em 2015 comecei a publicar vários artigos em mídias sociais sobre neurociência e aprendizagem corporativa. No final de 2017, comecei o processo de selecionar os primeiros vinte artigos e os reescrever pensando especificamente neste projeto. Outros pilares norteadores foram o artigo científico que compartilho na parte IV do livro — "Contribuições da Neurociência em Aprendizagem nas Organizações" — a especialização em Comunicação Empresarial, as novas descobertas da neurociência aplicadas ao ambiente organizacional, a paixão por andragogia — ciência de orientar adultos a aprender — as técnicas de teatro para se comunicar melhor e a bagagem adquirida nos treinamentos em empresas de vários setores por todo o Brasil — fonte inesgotável de aprendizagem. Uma curiosidade: o título do livro surgiu após participar de um evento no Google Campus São Paulo para refletir sobre os novos modelos de aprendizagem nas empresas.

Como geralmente não confiamos em quem não conhecemos, compartilho aqui uma breve gênese pessoal. Sou um cidadão do mundo movido por sonhos. Nasci em Salvador e me mudei para São Paulo em 1998. Como diz um verso da canção *A Estrada*, "o caminho só existe quando você passa". Foi preciso coragem e liberdade para deixar para trás a zona de conforto da vida (carro próprio, casa de mãe, comida e roupa lavada etc.). Não foi uma escolha fácil. Na véspera da mudança para São Paulo, sonhei que estava no topo de um prédio muito alto e sentia medo. Para entrar na zona de crescimento é preciso passar antes pela zona do medo, que contém receios e incertezas de fazer mudanças na vida. Contudo, forças como coragem e perseverança me ajudaram a vencer o medo do desconhecido. Desafiei a liberdade de ter coragem para começar algo novo na vida. Esse processo de aprendizado é 100% vivencial, é como aprender a nadar ou a andar de bicicleta. Só é possível aprender de maneira vivencial, com a prática e ressignificando os erros a cada dia. Os primeiros anos foram, sobretudo, bastante desafiadores. Troquei de casa algumas vezes, tive vários empregos, gravei comerciais de TV, participei de novelas e estudei teatro. Como disse Fernando Pessoa[15]: "Tudo vale a pena quando a alma não é pequena."

A aprendizagem corporativa surgiu na minha vida por meio de um programa de formação de multiplicadores, quando eu trabalhava em um *call center*, atividade que conciliava com o ofício de ator. Naquele momento, tudo começou a se transformar em minha vida sem que eu tivesse plena consciência do que estava começando a acontecer. A empresa gostou da maneira como conduzi as aplicações e minha gestora chamou-me para um feedback sincero. Era uma líder 100% comprometida com o desenvolvimento de cada pessoa da equipe. Ela foi clara e objetiva, perguntou-me se eu estaria disposto a investir na área de treinamento e desenvolvimento. Deixou claro que essa seria uma escolha minha, e me ajudou a perceber que eu poderia começar algo novo. A empresa tinha parceria com uma universidade, então ela me desafiou a fazer um curso superior na área de Recursos Humanos como um começo. Refleti muito e confesso que aceitei o desafio motivado pelo pensamento analógico de que um curso em ciências humanas poderia contribuir para o fortalecimento de minhas forças sociais e interpessoais, algo que poderia ser bastante útil para as minhas pesquisas sobre a alma humana, com o objetivo de aprofundar a compreensão dos personagens no teatro.

Este foi um período bastante desafiador para mim, sobretudo em termos de recursos financeiros. Comecei o curso, mas pensei em pará-lo por falta de dinheiro. Porém, uma amiga querida, Susana Zinner Koln (*in memoriam*), ofereceu-se espontaneamente para me ajudar com os custos do curso. Pensei em não aceitar, mas duas questões foram decisivas: ela me convenceu de que isso faria muito bem para ela, pois tinha o sonho de poder prover um curso superior para alguém; e o aconselhamento positivo de meus pais. Com humildade e gratidão, aceitei.

Confesso que não tinha a real dimensão do impacto positivo que a aprendizagem poderia ter na vida de uma pessoa. Ganhei o meu anzol e aprendi a pescar. Até hoje, ao lembrar dessa transformação, fico tomado pela emoção de um sentimento de gratidão genuína. Aquele curso transformou meu autoconceito, autoimagem e expandiu minha visão de mundo. Os horizontes passaram a não ter mais fronteiras. Encontrei o amor ao aprendizado. Desde então, não parei mais de investir em meu desenvolvimento intelectual por meio de cursos, leituras, seminários, palestras, exposições de arte, visitas a museus, viagens etc. *Conhecimento Líquido* é a minha resposta ao tempo. Vale lembrar que posso conhecer o mundo, mas posso não conhecer a sua casa. Como disse Paulo Freire: "Não há saber mais ou saber menos, há saberes diferentes." Por isso, meu espírito é de eterno aprendiz.

Acredite, não existe limite para o que você pode conquistar na vida com a aprendizagem contínua. Mas, para isso, é preciso ter a mente aberta, desenvolver o pensamento crítico e ter coragem para exercitar a vontade de alcançar seus objetivos face às adversidades tanto internas — do ser humano — quanto externas — da vida. Tenho aprendido que, quando o indivíduo melhora seu desempenho, seja na esfera pessoal ou profissional, o seu bem-estar floresce. A curiosidade pode levar à sabedoria e ao conhecimento. A persistência e a integridade levam à coragem, que, por sua vez, pode promover uma vida de prazer, engajamento e plenitude. O poder da transformação está no conhecimento e na sabedoria. Mas, para isso, é preciso aprender a lidar com as habilidades socioemocionais — aprender a lidar com as emoções. Convido você agora a me acompanhar de perto neste livro.

Então, vamos juntos.

Boa leitura!

Valter Bahia Filho

CONVENÇÕES USADAS NESTE LIVRO

Por meio de textos curtos e interdependentes, a leitura do livro *Conhecimento Líquido* poderá contribuir para gerar insights sobre o processo de aprendizagem humana tanto na esfera pessoal como no ambiente de trabalho. Com o objetivo de contribuir com a experiência de coautoria da obra pelo leitor, todos os textos foram escritos de modo que possibilita sua leitura interdependente. Uma dica simples que poderá aprofundar sua experiência de leitura aqui é: após ler cada texto, compartilhe o que você compreendeu com as pessoas próximas a você.

Tenho a intenção que cada indivíduo possa ter autonomia para começar sua leitura da obra onde melhor despertar sua curiosidade. Assim, é possível explorar e descobrir o livro de várias formas, podendo criar sua própria obra em uma experiência única. Se você, leitor, escolher criar uma sequência autoral de leitura, isso não comprometerá a compreensão da obra como um todo.

Um recurso que facilita esse processo é a utilização de referência cruzada: alguns trechos do livro trazem referências a outros com fácil identificação. Essa escolha foi embasada pela crença de que a aprendizagem é um processo ativo e autoral. Essa dinâmica de leitura não é uma regra, apenas uma sugestão. Caso você deseje conduzir a leitura na sequência que os temas estão organizados no livro, sinta-se à vontade.

Um breve alinhamento semântico: em certos pedaços no livro, ao referir-me às pessoas que trabalham nas empresas, na maior parte das vezes uso a palavra "funcionário" em vez de "colaborador", pois pode aproximar mais da realidade e assim está denominado na Consolidação das Leis do Trabalho CLT, no Brasil. Uso o termo "aprendizagem empresarial ou corporativa" para referir-me a treinamentos pontuais, workshops ou a programas de aprendizagem vinculados à universidade corporativa UC.

COMO ESTE LIVRO ESTÁ ORGANIZADO

Com o objetivo de apoiar e facilitar o seu processo de gerenciamento de leitura, compartilho aqui uma breve explicação sobre como o conteúdo está organizado em cada parte do livro.

PARTE I: APRENDIZAGEM E NEUROCIÊNCIA: COMO AS PESSOAS APRENDEM

Aqui compartilho reflexões sobre como a mente humana aprende a partir da perspectiva das contribuições da Neurociência da Aprendizagem. São cinco textos interdependentes. A abordagem tem ênfase em neuroanatomia e *mindset* de crescimento.

PARTE II: APRENDIZAGEM CORPORATIVA

Nesta parte do livro, apresento textos que fazem uma conexão da neurociência com a aprendizagem empresarial. São doze textos interdependentes com foco na aprendizagem de adultos em programas de desenvolvimento humano. Descobertas sobre o funcionamento do cérebro em relação à aprendizagem embasam dicas práticas para pessoas com ou sem experiência na área da educação.

PARTE III: COMUNICAÇÃO E PERFORMANCE

A terceira parte do livro apresenta ferramentas das artes cênicas para apoiar a comunicação e o contato interpessoal de profissionais corporativos. Liderança, diversidade e propósito são temas que estão presentes nos sete textos que compõem essa parte do livro. Todos eles interdependentes.

PARTE IV: ENCERRAMENTO

Aqui você encontrará reflexões sobre o futuro da aprendizagem, conceitos como Mundo V.U.C.A. e *Lifelong Learning*. Nesse bloco, está o índice remissivo da obra e uma lista das referências que embasam os textos apresentados ao longo do livro. Também consta o artigo científico *Contribuições da neurociência em aprendizagem nas organizações,* escrito pelo autor na conclusão da especialização em Neurociência da Aprendizagem, no qual alcançou nota máxima. Esse artigo foi um dos pilares fundamentais que deu origem a esse livro.

PARTE 1

APRENDIZAGEM E NEUROCIÊNCIA: COMO AS PESSOAS APRENDEM

NEUROAPRENDIZAGEM: NOSSO CÉREBRO É UM ÓRGÃO SOCIAL

"PRIMEIRO, IGNORAM VOCÊ. DEPOIS, RIEM DE VOCÊ. COMBATEM VOCÊ. ENTÃO, VOCÊ VENCE."[1]

Mahatma Gandhi

O cérebro humano é realmente um órgão social e, segundo Platão, "aprender é mudar posturas".[2] A interação e o desenvolvimento das competências socioemocionais são fundamentais no processo da aquisição de novos comportamentos. Assim é na vida e no processo de ensino e aprendizagem. A comunicação empática nesse processo tem fundamental importância para conectar pessoas. Além disso, a comunicação se tornou uma das habilidades mais valorizadas na esfera pessoal e profissional.

O ser humano é um eterno aprendiz. Na perspectiva da neurociência cognitiva, a aprendizagem ocorre durante toda a nossa vida. Esse é um processo contínuo, mesmo podendo haver modificações influenciadas por variáveis como a idade biológica do indivíduo e as influências do ambiente. Ou seja, se tudo correr bem em sua vida — sem patologias no cérebro ou acidentes — você provavelmente manterá sua capacidade de aprender por toda a sua existência, mas desde que você tenha flexibilidade cognitiva e abertura para aprender. A aprendizagem é um processo ativo. Ninguém o faz por outra pessoa. Para aprender é necessário haver interesse, que é o combustível do processo de aprendizagem de cada pessoa. Ou seja, você pode até estudar nas melhores universidades do mundo, como o Instituto de Tecnologia de Massachusetts (MIT), a Universidade de Stanford, a Universidade de Harvard, o Instituto de Tecnologia da Califórnia (Caltech), a Universidade de Oxford, a Universidade de Cambridge, o Instituto Federal Suíço de Tecnologia (ETH Zurich), o Imperial College London, a Universidade de Chicago, a University College London... mas, se você não se interessar em aprender, não aprenderá nada. O contrário também vale. Se você quiser aprender algo, nada impedirá você de adquirir novos conhecimentos. É claro que existem inúmeras instituições de ensino renomadas no Brasil e no mundo. Porém, de maneira prática, em muitos casos é possível notar que quem faz a faculdade é o aluno. Mas para isso é preciso haver autodisciplina, liderança pessoal e persistência.

Em uma visão científica, as sinapses no cérebro humano se reorganizam qualitativamente com a aquisição de novos conhecimentos, criando condições melhores para aprendizagens cada vez mais eficazes. Porém, o cérebro não organiza as informações de maneira sequencial como um dicionário, palavras por ordem alfabética. A bagagem de vida de uma pessoa é composta por experiências de várias fontes e que podem ser cruzadas de acordo a criatividade das pessoas. Mas as novas aprendizagens reorganizam os circuitos neuronais, podendo estabelecer novos circuitos, integrar os preexistentes ou desativar os existentes e que se tornaram obsoletos. O processo de aprendizagem diminui a quantidade de circuitos neurais e aumenta sua rapidez e eficiência, fazendo nossa performance melhorar e o nosso cérebro operar com maior potência. Incrível, não?

Outro aspecto essencial no processo de aprendizagem é a repetição. Na perspectiva da neurociência cognitiva, a repetição é crucial para a aprendizagem. Esse fato é constatado no desenvolvimento da espécie humana. Os bebês humanos não aprendem na primeira experiência que têm com os objetos, e sim com a repetição. Esse processo também pode ser observado no desenvolvimento de várias habilidades, inclusive as socioemocionais. As repetições podem ser entendidas como sobreposições que reforçam e geram profundidade ao aprendizado. Assim, o desafio é encontrar novas estratégias para otimizar os resultados do aprendizado e, consequentemente, poder alcançar metas comerciais ou pessoais. A repetição com criatividade pode contribuir para promover a sabedoria, o conhecimento e a inteligência humana.

Nesse sentido, quanto mais um indivíduo aprende ao longo da vida, mais será capaz de lidar de maneira assertiva com os desafios do século XXI. Na segunda parte deste livro, a aprendizagem nas empresas será abordada. Contudo, antecipo aqui que programas contínuos de aprendizagem empresarial poderão assegurar a prática e o retorno investido da organização, propiciando melhores resultados e maior vantagem competitiva por meio do conhecimento com sustentabilidade. Afinal, pessoas são o maior ativo de um negócio.

É preciso alinhar expectativas, conscientizar as pessoas sobre o próprio processo de aprender a aprender. Quanto mais as pessoas são conscientes de como funciona o seu processo de aprendizagem, mais eficaz ele se torna. Nesse sentido, o autoconhecimento e a comunicação são ferramentas que têm papel muito importante no desenvolvimento humano. Assim como acontece com as crianças, a base da comunicação é o próprio pensamento. Portanto, antes de se comunicar bem, é preciso pensar bem, verificar a qualidade dos diálogos internos, e organizar o pensamento para que possa ser comunicado com clareza e objetividade. O que mais se escuta em qualquer discussão sobre comunicação é que todas as pessoas se comunicam. Desde a pré-história, o homem se comunica. Por exemplo, o homem primitivo, ao desenhar nas paredes das cavernas ou ao soltar grunhidos, emitia mensagens para seus companheiros de tribo. A espécie humana avançou no tempo, mas a comunicação ainda é vital para a sobrevivência e para a aquisição de novos saberes, principalmente na era da conectividade móvel. Inclusive, as plataformas de educação online se tornaram símbolo de uma era de aprendizado flexível e acessível e ganharam o apelido de MOOCs — *Massive Open Online Courses*.[3] Quantas vezes você já usou seu celular para aprender algo? Muitas pessoas usam o celular para aprender, mas não têm consciência dessa relação com o aparelho.

A base do fenômeno da aprendizagem está na modificação comportamental. É bastante usual pessoas comentarem que "apanharam" muito da vida, e que em determinado momento aprenderam a lição. Geralmente essas pessoas dizem que "mudaram", pois aprenderam. Isso faz muito sentido. A aprendizagem só é efetiva se houver mudança comportamental. No ambiente de trabalho é a mesma coisa. Como costumo dizer, as melhores empresas para trabalhar são as que investem em seu capital humano, as que dão oportunidade de crescimento. Nesse sentido, o conhecimento é uma grande vantagem competitiva para todos. Pode ser também uma ótima moeda de troca. Os funcionários aprimoram sua qualificação, competências e habilidades, tornando-se profissionais com mais valor. As empresas ganham em vantagem competitiva nos seus segmentos de atuação. Os caminhos para melhorar os resultados comerciais são dois: aumentar o volume de vendas e aumentar a produtividade.

Resumindo, para colocar um projeto em prática e para ser quem você pode ser é preciso coragem. Nosso cérebro é um órgão social e aprender faz parte da vida. Para aprender de maneira sustentável é preciso coragem, autocontrole emocional e persistência para instituir novos hábitos. Na esfera profissional, isso significa que, para que o desenvolvimento humano seja sustentável nas organizações, deverá haver não apenas programas pontuais de aprendizagem, mas a implementação efetiva de uma cultura de aprendizagem, um novo estado de espírito permanente, onde a sociabilidade e a interação promovam o engajamento, a troca de boas práticas e o fortalecimento da cultura organizacional: uma gestão da qualidade do conhecimento. Nesse contexto, a neurociência pode ser uma importante ferramenta para o ser humano entender como o cérebro aprende e, assim, otimizar o processo de aprendizagem, seja na família, nas artes, nas escolas ou no mundo corporativo.

NEUROCIÊNCIA COMO ESTRATÉGIA EM APRENDIZAGEM

"O SUCESSO VEM COMO RESULTADO DO DESENVOLVIMENTO DE NOSSO POTENCIAL".[1]

JOHN C. MAXWELL

A neurociência cognitiva busca estudar o cérebro, o funcionamento do sistema nervoso, e os aspectos que influenciam o processo de aprendizagem, como, por exemplo, as experiências de vida e a idade biológica do indivíduo. A idade biológica, Valter? Sim, ela também é um fator a ser considerado. Mas vale lembrar que o cérebro humano é uma poderosa máquina de aprendizagem em todas as etapas da vida.

Aprender algo novo contribui para o desenvolvimento humano e social das pessoas. Impacta positivamente a autoimagem e a autoestima do ser humano em todas as fases da vida. Como você deve ter percebido, aprendizagem e neurociência, juntas, podem ser uma parceria estratégica que ajuda a alavancar os resultados e o crescimento na vida, na escola e no trabalho de maneira bem mais eficaz.

Nas escolas, e nas empresas, é possível dizer que a gestão de pessoas pode se beneficiar amplamente por meio das descobertas da neurociência aplicadas à aprendizagem. Por quê? São vários os aspectos que precisam ser compreendidos: como o cérebro humano toma decisões; o papel da recompensa para o cérebro no processo de aprendizagem; quais são as estruturas dos pensamentos racional, emocional e crítico; e qual é a importância de se desenvolver habilidades socioemocionais e da comunicação para a aprendizagem.

Quando falamos em comportamento humano, um dos assuntos mais discutidos por especialistas é a aplicação dos conceitos de neuroaprendizagem na melhora da performance humana por meio de novos comportamentos. Essas são algumas das habilidades que as empresas no século XXI buscam desenvolver de maneira sustentável em seus colaboradores, alinhando propósito e ajustando políticas e processos.

Quando o conteúdo aprendido é explicitado nas pessoas (trans)formando-se em novos comportamentos, ele tem efeito propulsor para o progresso pessoal e para a vida. Afinal, a base do fenômeno da aprendizagem é a modificação comportamental. Um dos objetivos da aprendizagem em cursos e empresas é a consolidação de novas habilidades, sejam técnicas ou comportamentais. No período clássico da Grécia Antiga[2], o pensamento de Platão já expressava essa premissa básica: "Aprender é mudar posturas."

Nesse sentido, vale lembrar que as pessoas são diferentes. Cada pessoa é única, cada um tem sua bagagem de vida, seus filtros de percepção e seu ritmo biológico de aprendizagem. Por isso, a experiência individual é tão importante para compreender os caminhos da aprendizagem de cada pessoa. É preciso ampliar cada vez mais as possibilidades de aprender e superar de maneira constante as expectativas de novos modelos e metodologias de aprendizagem.

Um detalhe que faz diferença são as emoções positivas no contexto da aprendizagem. Quanto mais emoção positiva houver no processo de comunicação e aprendizagem, mais a informação e o conhecimento ficarão gravados na memória de longa duração. É possível aplicar esse conhecimento como estratégia de aprendizagem em qualquer contexto.

O uso diversificado dos sistemas representacionais ajuda muito no processo de aprendizagem. A *memória auditiva*, por exemplo, é uma excelente ferramenta. Por isso, no processo de ensino nas empresas é fundamental reforçarmos periodicamente, em bom som, as informações importantes como se fossem pequenos ganchos de aprendizagem.

O cérebro humano também opera de maneira bastante eficaz com a *memória visual*. Recursos visuais utilizados no desenvolvimento humano podem ajudar as pessoas na construção de sua função simbólica. Dessa forma, os infográficos são extremamente atrativos e eficazes para ajudar no processo de aprendizagem. O cérebro funciona melhor tendo uma visão do todo. Por exemplo, é muito natural que algumas pessoas ao adquirirem um livro novo procurem saber qual é o número total de páginas do livro antes de começar a leitura. É sempre favorável ao processo de aprendizagem que o indivíduo tenha contato com a representação visual do conteúdo. Vale lembrar que se você for usar o antigo *Power Point* como recurso, uma boa opção é ter menos textos e mais imagens. Ou simplesmente imagens. Essa estratégia vale para o desenvolvimento de habilidades técnicas ou comportamentais. Uma curiosidade: atualmente até crianças de 9 anos são orientadas por alguns professores a apresentarem seus trabalhos escolares em formato ppt, não em cartolina como outrora. Incrível, não?

Outra ferramenta interessante é o poder da inspiração e imitação para aprendermos coisas novas. Desde a infância, a *imitação* sempre foi uma estratégia necessária na evolução da espécie humana. No contexto da aprendizagem de adultos, essa pode ser mais uma estratégia para atingir resultados.

Programas de aprendizagem que promovam a interação humana e social são uma boa oportunidade para incentivar o compartilhamento e a troca de *boas práticas*; afinal, na perspectiva da neuroaprendizagem, as pessoas necessitam de modelos de aprendizagem.

Porém, para ocorrer a aprendizagem, é necessário que os novos conhecimentos possam dialogar e tenham conexão com conhecimentos prévios do cérebro do indivíduo. O ser humano aprende algo novo a partir de suas referências anteriores. Na segunda parte deste livro, no texto *Aprendizagem corporativa e memória*, aprofundarei esse conceito.

Outro aspecto de suma importância é que as pessoas precisam saber o *porquê* de se aprender algo novo antes da aprendizagem. É fundamental que o indivíduo encontre valor e se conscientize do quanto sua vida poderá melhorar com a aquisição daquele novo conhecimento.

Na perspectiva da neurociência, a cada conhecimento novo nosso cérebro se reorganiza com novos circuitos neuronais ou com conexões inéditas entre circuitos já existentes. Isso significa que, caso você utilize uma trilha de aprendizagem, cada módulo poderá promover uma reconfiguração de sinapses e/ou novos circuitos que poderão remodelar o seu cérebro e, assim, potencializar o seu raciocínio para a aquisição de novos conhecimentos de maneira ainda mais eficaz. Ou seja, quanto mais você aprende coisas novas, mais inteligente se torna.

A inovação, o zelo e a disciplina são estímulos mentais que ajudam a alimentar o processo de aprendizagem e estão alinhados a comportamentos muito valorizados na vida, como a empatia e o senso de pertencimento a um determinado grupo social. No campo do desenvolvimento humano é importante considerar a prática e a vivência. Ninguém aprende a andar de bicicleta lendo como aprender a andar de bicicleta. Ninguém aprende a nadar lendo como aprender a nadar.

Atividades lúdicas que estimulam a escrita e exploram reflexões potencializam o processo de aprender. Segundo Brian Tracy,[3] *pensar por escrito* é uma técnica extremamente poderosa e eficaz no processo de aquisição de novos conhecimentos para alcançar seus objetivos. Para complementar, na perspectiva da neurociência, o indivíduo realmente entendeu algo novo quando é capaz de falar e/ou escrever sobre o que foi praticado.

As novas tecnologias também são um poderoso aliado nesse processo. Afinal, o computador e outras formas de tecnologia aguçam os sentidos, ou seja, trazem informações com bastante estímulo visual e auditivo, o que torna a aprendizagem ainda mais diversificada. Entretanto, é importante balancear tecnologia com criatividade. Nesse sentido, uma boa ferramenta aplicada ao processo de aprendizagem são os *games*, pois podem estimular a produção e a liberação de dopamina; neurotransmissor que ajuda na memória e sensação do prazer.

O uso da técnica de *storytelling* — ou *arte de contar histórias* — também se mostra muito eficaz no universo da aprendizagem. A organização mental de pensamentos e de ideias está ligada ao *storytelling*. Na evolução da espécie humana, o conhecimento e a sabedoria muitas vezes foram passados para as novas gerações por meio da contação de histórias. Uma boa história funciona para prender a atenção porque promove conexão emocional. Histórias ativam várias áreas cerebrais e nos mobilizam emocionalmente. Como elas têm início, meio e fim, estimulam as habilidades de sequenciar e organizar na região do córtex pré-frontal, área do cérebro responsável pelo pensamento racional. Histórias têm imagens, sons e palavras. A formação de uma imagem no cérebro humano requer a utilização de várias áreas cerebrais operando de maneira integrada e dinâmica. Para o cérebro formar uma imagem, acionamos várias áreas cerebrais responsáveis por características como: forma, cor, posição no espaço, uso e movimentação.

Em um programa de aprendizagem desenhado considerando algumas premissas básicas da neurociência, é possível acionar de maneira deliberada vários sentidos do nosso cérebro que são processados separadamente. Entretanto, vale lembrar que o funcionamento cerebral ocorre de forma dinâmica e integrada. Caso você utilize a técnica de *storytelling* como método para transmitir conhecimento, lembre-se de olhar nos olhos de quem ouve as histórias; essa atitude valoriza o grupo como um todo e cada participante individualmente. Esse é um detalhe importantíssimo.

Vale lembrar que estudos[4] mostram que o estresse prejudica a memória e inibe a aprendizagem. Isso ocorre porque os efeitos do cortisol (hormônio do estresse) podem provocar danos ao hipocampo (área da memória de longo prazo). Por isso, ambientes de aprendizagem devem ser acolhedores, com clima leve e ambiente seguro para todos. A utilização de música adequada também pode ajudar a harmonizar o ambiente de aprendizagem e pode contribuir para um estado positivo e favorável das pessoas para a aprendizagem.

Para assegurar a excelência nesse processo, todos os detalhes são importantes — afinal, estamos falando de pessoas. Manter os participantes informados sobre o andamento das atividades programadas — por exemplo, posicionar o grupo periodicamente sobre a adequação do conteúdo à carga horária prevista em uma aula — é uma estratégia simples e altamente eficaz para o cérebro, pois pode contribuir para a diminuição do estresse.

Portanto, para concluir essa reflexão sobre algumas contribuições da neurociência cognitiva como estratégia para potencializar os resultados de aprendizagem, é possível dizer que o cérebro humano é um órgão social. Em suma, a integração com o ambiente e o desenvolvimento da habilidade de se relacionar bem com outras pessoas — a inteligência interpessoal[5] — são essenciais no processo de aprendizagem e de comunicação do ser humano, tendo papel decisivo para a assimilação de novos conhecimentos e comportamentos.

PROCESSO DE NEUROCIÊNCIA EM APRENDIZAGEM

"GRANDES REALIZAÇÕES NÃO SÃO FEITAS POR IMPULSO, MAS POR UMA SOMA DE PEQUENAS REALIZAÇÕES."

Vincent Van Gogh[1]

No ambiente de ensino e aprendizagem, faz diferença a criação e a utilização de locais com poucos estímulos distraidores. Alguns cuidados podem ajudar a controlar sua atenção e a fortalecer sua determinação para executar tarefas importantes. Por exemplo, a tecnologia deve ser uma ferramenta dominada pelo ser humano, não o contrário. Um estudo[2] a respeito da distração digital realizado pela Universidade da Califórnia (UCLA) e publicado no *The Wall Street Journal* concluiu que, a cada interrupção (como um *plin* que acusa uma nova mensagem no WhatsApp), o cérebro humano demora em média 23 minutos para voltar a focar a tarefa que estava sendo desenvolvida com o mesmo grau de concentração e produtividade. Uma dica prática é deixar o celular fora do alcance visual, pois até mesmo a luminosidade da tela do aparelho pode desconcentrar o cérebro condicionado pelo hábito de checar mensagens periodicamente.

De maneira semelhante, isso ocorre quando a mente entra no estado mental de *flow*, ou fluxo. Esse é um estado em que a pessoa está totalmente imersa no processo da atividade que está fazendo. O conceito de estado de *flow* foi desenvolvido pelo psicólogo Mihaly Csikszentmihalyi.[3] Quando você deseja vivenciar uma experiência mental intensa, alguns comportamentos poderão favorecer sua produtividade. Isso vale apenas para aprendizagem ou para a vida? Sim, vale para a vida.

Um detalhe importante é que o cérebro estará disposto a processar o que percebe como significante e gratificante. É fundamental que os participantes de um programa de aprendizagem percebam que estão ganhando ferramentas por meio do conhecimento para melhorar o seu dia a dia, e não simplesmente aprendendo conteúdos que não contribuem para alcançarem seus objetivos pessoais ou profissionais. Experiências de aprendizagem geram maior reflexão quando o conteúdo toma forma e pode ser aplicável para solucionar os desafios da vida, seja na esfera pessoal ou profissional.

O cérebro é um dispositivo criado ao longo da evolução para observar o ambiente e aprender o que for importante para a sobrevivência do indivíduo. As pessoas prestam mais atenção no que for julgado relevante ou com significância. Se você estiver conduzindo a aprendizagem para um grupo, deve considerar que as emoções podem facilitar o processo de aprendizagem. Mas, lembre-se, o estresse tem efeito contrário. O ambiente de aprendizagem deve ser planejado para estimular emoções positivas e evitar as negativas.

É aconselhável criar um ambiente pautado pela confiança, respeito mútuo e acolhimento. Tais condições orientam para a sociabilidade e maior manifestação de respostas mais alinhadas e coerentes com os objetivos de aprendizagem, independentemente do tema, que pode ser técnico ou comportamental.

Terá mais chance de ser considerado significante e, portanto, alvo da atenção dos indivíduos, aquilo que faça sentido no contexto em que vivem e que atenda às suas expectativas profissionais ou que seja estimulante e agradável. Afinal, como disse Bob Pike,[4] é o interesse de cada um que alimenta seu aprendizado.

Em programas de aprendizagem, é possível identificar o sensorial como um dos componentes principais da memória. A memória não é um fenômeno unitário, pois compreende várias subdivisões que são processadas por sistemas neurais específicos. O descanso e a higiene mental podem ajudar a manter a memória de trabalho menos sobrecarregada e pronta para processar informações importantes.

Após um período de aprendizagem, é chegada a merecida hora do descanso. Afinal, a consolidação da aprendizagem se faz durante o sono quando ocorre o remapeamento das conexões das células nervosas, processo que ajuda o cérebro a aprender continuamente. Essa reorganização vem a ser a base do fenômeno da aprendizagem e da modificação comportamental. É por esse processo que o cérebro se remodela para novas aprendizagens.

DROPS SOBRE A TEORIA SIGNIFICATIVA DA APRENDIZAGEM

"VOCÊ NÃO SABE O QUANTO EU CAMINHEI PARA CHEGAR ATÉ AQUI."[1]

CIDADE NEGRA

O objetivo aqui é lançar uma breve reflexão sobre a Teoria Significativa da Aprendizagem[2] no contexto do desenvolvimento de adultos. Olha que interessante: você sabia que se não for estabelecida ou criada conexão entre novos conceitos (apresentados, por exemplo, em um programa de desenvolvimento humano) e os conhecimentos que os participantes já têm, existirá forte tendência de a aprendizagem ser meramente mecânica, tanto para o facilitador quanto para os participantes? Incrível, não? E é muito simples de compreender. Estou me referindo à *Teoria Significativa da Aprendizagem*, apresentada por David Paul Ausubel,[3] e baseada na aprendizagem que parte da compreensão de algo colocado em um contexto mais amplo. Ou seja, o conceito defende a necessidade de organizadores prévios mentais (referências de algo) para receberem e facilitarem as novas aprendizagens que serão assimiladas pelo indivíduo. Nesse sentido, a aprendizagem significativa é, portanto, tudo que tenha significado para a pessoa, ou ainda, tudo que ela seja capaz de aprender por conseguir captar sua importância a partir de conhecimentos prévios. Segundo o autor, o fator mais importante que influencia a aprendizagem é aquilo que o indivíduo já sabe; a tarefa agora é descobrir por meio de perguntas e ajudá-lo a aprender de acordo com suas respostas. Parece familiar, não? Penso assim: essa teoria dialoga abertamente com o papel das experiências como base da aprendizagem para adultos. Um dos princípios essenciais da andragogia[4] (conceito de educação voltada para o adulto, em contraposição à pedagogia, que se refere à educação de crianças) ressalta o valor das experiências prévias para a aprendizagem de adultos. Relatos informais podem servir como base para a construção de novos conhecimentos.

Para simplificar ainda mais, podemos ilustrar com o seguinte exemplo prático: ao direcionar a aplicação de um treinamento de primeira Liderança (P1 — quando o indivíduo passa de gerenciar a si mesmo para gerenciar o outro)[5], vale ressaltar que as novas habilidades técnicas, o gerenciamento de tempo e novos valores terão significado ao interagirem com os conhecimentos preexistentes na estrutura cognitiva do indivíduo, como, por exemplo, a cultura organizacional que pode funcionar como uma mola propulsora para modelar comportamentos como o "agir como dono". Agora, porém, entendendo que o sucesso estará na produtividade das equipes. Ou seja, a aprendizagem foi dimensionada em um contexto maior, mas a partir de algo familiar para o aprendiz. Assim, constitui-se uma estrutura mental, onde há vários saberes simples e outros cada vez mais complexos que vão se somando e formando novos saberes com objetivos específicos. Você acha que isso faz sentido apenas na gestão de pessoas ou na esfera da vida também? Acredito que isso é coisa da vida.

QUAL É O SEU MODELO MENTAL?

"A MENTE QUE SE ABRE A UMA NOVA IDEIA JAMAIS VOLTARÁ AO SEU TAMANHO ORIGINAL."

ALBERT EINSTEIN

Segundo Carol S. Dweck,[1] psicóloga americana e professora na Universidade Stanford, os humanos podem ter dois tipos de *mindset*,[2] que representam dois grandes conjuntos de crenças em relação à inteligência e às habilidades. São estes:

» *Mindset fixo* (inteligência estática);
» *Mindset de crescimento* (a inteligência pode ser desenvolvida).

O *mindset fixo* leva a um desejo de parecer inteligente e, assim, a uma tendência comportamental de:

» Evitar desafios;
» Ficar na defensiva ou desistir facilmente;
» Enxergar o esforço como algo infrutífero;
» Ignorar o feedback útil;
» Sentir-se ameaçado pelo sucesso dos outros;
» Dificuldade para lidar com o erro.

COMO RESULTADO:

As pessoas se acomodam mais cedo e conquistam menos do que o seu potencial permite.

O *mindset de crescimento* leva a um desejo de aprender e, assim, a uma tendência comportamental de:

» Abraçar desafios;
» Persistir na dificuldade;
» Ver o esforço como o caminho para a excelência e para o sucesso;
» Aprender com a crítica;
» Ver no erro uma oportunidade de aprendizado;
» Encontrar lições e inspiração no sucesso dos outros.

COMO RESULTADO:

As pessoas têm um nível alto de conquistas.

Qual é o seu modelo mental?

Vale ressaltar que o *mindset de crescimento* está se tornando muito valorizado nas sociedades do século XXI, que se mostram cada vez mais voláteis, incertas, complexas e ambíguas (conceito V.U.C.A.).[3] O conceito de mundo V.U.C.A. se aplica com muita facilidade quando se busca explicar o momento atual de transformações intensas e absolutamente disruptivas que trazem desafios pessoais enormes justamente por romper completamente os padrões tidos como corretos até pouco tempo atrás.

Segundo a autora, o que diferencia as pessoas não é a capacidade intelectual, mas a maneira como elas encaram a experiência. Vale lembrar que, para autores como Brian Tracy (que é referência mundial em aprimoramento pessoal e profissional), sua versão dos acontecimentos determina se eles o motivam ou desestimulam, se lhe fornecem ou drenam energia. E, nesse sentido, como você deve imaginar, o modelo mental de cada um faz toda a diferença em um processo de aprendizagem na vida.

A boa notícia é que é possível virar a chave do *mindset fixo* para o *mindset de crescimento*. O ser humano é capaz de transformar o seu *mindset*. Mas, primeiramente, é preciso querer mudar, desejar mudar, despertar a consciência. Vale ressaltar que, partindo de nossas crenças quando transformamos o nosso comportamento, damos início a uma reação em cadeia de transformações. Para Mahatma Gandhi, devemos ser a transformação que queremos ver no mundo.

Na perspectiva da neuroaprendizagem, nosso cérebro mantém a capacidade de aprender coisas novas e de transformar sua estrutura biológica durante toda a vida; processo denominado neuroplasticidade. Substituir uma crença por outra é um processo desafiador que requer energia, consciência, esforço e autodisciplina. Mas é um esforço que vale a pena, porque os ganhos a longo prazo são muitos! Nesse sentido, segundo as Virtudes e Forças de Caráter da Psicologia Positiva,[4] três podem contribuir muito. São elas: a *prudência* (pensar a longo prazo, fazer planos); a *sensatez* (a sabedoria, experiência e conhecimento acumulados); e a *perseverança* (caso o indivíduo persevere, mas não atinja o objetivo, deve parar e avaliar o que precisa ajustar). À medida que passamos a perceber melhor as situações com novos filtros, mudamos nossa forma de pensar, sentir e se comportar.

Mapa e território são coisas distintas. Se você tiver com o mapa errado nas mãos jamais vai chegar ao seu objetivo. Portanto, seu mapa é sua forma de ver o mundo. Suas crenças, consequentemente, representam o caminho para você conquistar resultados nas esferas pessoal e profissional de sua vida. Vale a pena dedicar alguns minutos para refletir sobre quais são suas crenças. Mas não faça apenas uma reflexão mental, vale a pena escrever. Segundo Brian Tracy,[5] pensar por escrito ajuda a ter maior domínio e clareza de ideias. Pense nisso.

PARTE 2

APRENDIZAGEM CORPORATIVA

NEUROCIÊNCIA E APRENDIZAGEM CORPORATIVA

"PENSAMENTOS VIRAM AÇÕES; AÇÕES VIRAM HÁBITOS; HÁBITOS VIRAM CARÁTER; E O CARÁTER VIRA O SEU DESTINO."

JAMES C. HUNTER[1]

Uma reflexão sobre a química do cérebro produtivo[2]. No projeto conhecido pelo codinome Aristóteles, em homenagem ao pensamento filosófico grego que "o todo é maior do que a soma das partes", psicólogos, estatísticos e engenheiros dedicam-se a uma das metas mais ambiciosas do Google: entender e explicar a química de equipes que dão bons resultados. O economista e neurocientista Paul Zak,[3] diretor do Centro de Estudos em Neuroeconomia na Universidade de Claremont, estuda desde 2001 a relação do hormônio ocitocina — estimulado em equipes nas quais os integrantes confiam uns nos outros — com o aumento da criatividade, da capacidade de colaboração e da disposição em ajudar a empresa. Paul Zak descobriu que a ocitocina é a base das relações de confiança. Essa descoberta vai ao encontro do princípio das necessidades básicas do ser humano, difundido pelo psicólogo Abraham Maslow[4] nos anos 1950, a Pirâmide de Maslow. Segundo o psicólogo, as necessidades básicas são: fisiológicas, de segurança, sociais, estima e de realização pessoal. Segundo o autor americano Patrick Lencioni,[5] a primeira disfunção em uma equipe é a falta de confiança entre os membros. Em essência, a origem disso está no fato de as pessoas não se permitirem mostrar suas vulnerabilidades.

A aprendizagem empresarial abrange mais do que a capacitação e a qualificação dos funcionários de uma organização. Se pensarmos de maneira mais ampla, é possível dizer que objetiva desenvolver talentos individuais em uma estrutura organizacional moderna, contribuindo para elevar a excelência de serviços e produtos oferecidos aos clientes. Além de uma performance melhor, é possível aumentar o bem-estar nas empresas. Portanto, é preciso entender com clareza quais são os comportamentos vitais desejáveis para as pessoas e que impactarão positivamente o negócio. Nesse sentido, é possível melhorar os resultados de processos de capacitação, produção e gestão do conhecimento.

No contexto atual, onde as novas tecnologias impactam cada vez mais não apenas a indústria e o varejo, mas todos os setores produtivos da sociedade, inclusive a educação, é fundamental resgatarmos as ciências humanas, o afeto como abordagem educacional e a valorização do pensamento criativo, crítico e filosófico.

Nesse sentido, a neurociência pode contribuir muito para o alcance dos objetivos de aprendizagem dentro e fora das empresas. Atualmente, vem se tornando usual em empresas pioneiras como Google, Microsoft e a consultoria de gestão McKinsey o que está sendo chamado de "neurociência organizacional". O cérebro é o órgão mais complexo do nosso corpo. A base orgânica da emoção está no cérebro, particularmente no sistema límbico. Alguns pontos de atenção para aumentar a produtividade e o desempenho no trabalho e na vida são: meditação (melhora a memória, a prontidão e o gerenciamento do estresse); saúde (para funcionar melhor, o cérebro precisa de sono de qualidade, hidratação e oxigenação); amizades (o cérebro aprende por meio de experiências individuais e sociais); novos aprendizados (o cérebro se desenvolve por meio de novas habilidades cognitivas); e propósito (pessoas que encontram significado para a própria vida têm maior longevidade).

A aprendizagem corporativa bem desenhada tem por finalidade o desenvolvimento de novas competências técnicas e/ou comportamentais de pessoas, aliadas ao objetivo estratégico do negócio. Por isso, é crucial que sejam definidos a priori quais são os novos comportamentos desejáveis e quais são os resultados esperados para o negócio. Uma boa ferramenta para a mensuração de comportamentos como a cordialidade de uma equipe de vendas ou atendimento é o *Net Promoter Score* (NPS).[6] Os objetivos de aprendizagem encontram-se com frequência nos novos comportamentos que os participantes apresentam após o programa de desenvolvimento.

Vale lembrar que ambientes que propiciam segurança psicológica e que sejam harmônicos e colaborativos com emoções positivas tendem a ser bem mais favoráveis aos processos de aprendizagem corporativa. Apesar de as emoções não serem geralmente atos racionais, é possível afirmar que elas influenciam o funcionamento cognitivo. Isso ocorre por existir uma grande interatividade entre os circuitos neurais associados às atividades intelectuais (pensamento racional) e os que regulam as emoções. Esse é um tema que será aprofundado neste livro no texto *Processos emocionais em educação corporativa*.

O meio tem grande influência na aprendizagem. Cérebros saudáveis em ambientes desfavoráveis podem ter dificuldade para aprender. A recíproca também é verdadeira; cérebros pouco estimulados, mas que estão em contato com novos ambientes favoráveis, e que os estimulam positivamente, poderão aprender com maior facilidade. O advento da Ressonância Magnética Funcional (RMF), criada no início da década de 1990, mostra nas imagens o aumento de fluxo sanguíneo em áreas específicas do cérebro em reação a variados estímulos externos. Comportamentos dependem do cérebro. Nesse contexto, um dos aspectos a ser observado é que a aquisição de novos comportamentos também resulta de estímulos e processos mentais independentemente do seu grau de instrução ou área de atuação do indivíduo.

É possível notar pelo conhecimento prático que a experiência de aprendizagem é mais marcante quando as pessoas são estimuladas de formas diferentes. O uso de diversos estímulos sensoriais favorece o cérebro a aprender. Como o processo de aprendizagem é ativo, estratégias de ensino e aprendizagem dinâmicas ajudam a estimular novas conexões neurais aliadas a conceitos como a Teoria da Aprendizagem Significativa. Nesse processo, o *Designer Instrucional*,[7] ao desenvolver uma solução de aprendizagem, deve se perguntar de maneira empática o que as pessoas poderão se perguntar em um treinamento: "O que há nisso para mim?" É essa a pergunta que os participantes se farão durante o treinamento (consciente ou inconscientemente), e sua resposta será determinante para o seu envolvimento nas atividades e compromisso com novos comportamentos.

Em programas de treinamento que tenham duração de mais de um dia, deve-se reforçar a importância de o participante ter uma boa noite de sono, pois o processo de neuroplasticidade (quando os novos conhecimentos se consolidam na estrutura física do cérebro) ocorre estimulado pelo consumo de proteínas e, principalmente, durante o sono de qualidade.

Aprendizagem gasta energia mental, envolve produção de proteína e modifica o cérebro do indivíduo. É importante lembrar que a interação leva a uma modificação elétrica e química no sistema nervoso e isso muda o cérebro. O consumo de água também ajuda na química da performance mental.

Outro aspecto a ser observado é a qualidade da interação com as pessoas, que já é, em si, uma experiência de crescimento. Ao praticar a *Abordagem Centrada na Pessoa*, de Carl Rogers,[8] a cada treinamento aprendo a confiar mais no processo do grupo de gerenciar o seu próprio processo de aprendizagem, e assim me torno um facilitador ainda mais parceiro, sem impor absolutamente nada. Ninguém é obrigado a falar nem a participar de nenhuma atividade. Porém, ao estabelecer conexão emocional com o grupo, todos participam das atividades.

Essa qualidade de interação com o grupo é crucial para alcançar as metas de aprendizagem; assim, a emoção, a paixão e o "poder pessoal" — ou carisma — do facilitador tornam-se ferramentas que influenciam no processo de ensino e aprendizagem. O ser humano é bastante emocional, e muitas vezes se deixa afetar pelo comportamento dos outros em relação a ele. Ter consciência desse mecanismo pode ajudar a inspirar e motivar os participantes.

Na perspectiva da neurociência, é possível dizer que a aprendizagem é um processo físico que ocorre em um sistema biológico. O facilitador está ajudando a modificar circuitos cerebrais, conexões e a própria plasticidade cerebral. De maneira figurada, o facilitador está abrindo o cérebro das pessoas.

Os adultos aprendem para a vida, para solucionar problemas, para viver melhor e para poder resolver os desafios do dia a dia, podendo garantir até mesmo a sua sobrevivência, a preservação da espécie e o bem-estar de todos.

Em suma, o comportamento depende diretamente da estrutura do sistema nervoso e vice-versa. Contudo, essa estrutura só se transforma a medida que ela interage com o meio. Tudo que envolve um conjunto de estímulos que entre pelas vias sensoriais vale como fator que estimulará a tomada de forma dos novos conhecimentos, explicitando-os no dia a dia na empresa e na vida por meio de uma performance melhorada.

NEUROAPRENDIZAGEM ORGANIZACIONAL

"A MELHOR MANEIRA DE PREVER O FUTURO É CRIÁ-LO."

PETER DRUCKER[1]

Neuroaprendizagem e desenvolvimento organizacional são um diálogo pertinente. A interface entre aprendizagem empresarial e neurociência cognitiva pode ajudar na compreensão da relação ensino e aprendizagem a partir do funcionamento do cérebro, possibilitando assim tornar esse processo ainda mais eficiente em termos de resultados de aprendizagem e de negócio. Pode ser bom para todos.

O alinhamento entre a estratégia de crescimento do negócio e o modelo de aprendizagem que corresponde aos objetivos da estratégia do negócio pode ser decisivo para customizar um programa de aprendizagem eficaz. Nesse contexto, tudo conta; o antes, o durante e o depois da implementação do programa de aprendizagem.

Pode até parecer óbvio, mas, como a obviedade é apenas um ponto de vista, vale lembrar que quando falamos em desenvolvimento organizacional é preciso inicialmente que a organização tenha clareza sobre qual é a sua razão de ser (Missão), aonde almeja chegar nos próximos anos (Visão) e quais Valores guiarão suas estratégias de desenvolvimento, relacionamento e crescimento com todos que são impactados pelo negócio — seus *stakeholders*. A cultura organizacional tem papel estratégico nesse processo, pois representa diretrizes comportamentais e gera Propósito. Para que uma organização alcance um objetivo, primeiramente precisa construir um time. Não o contrário. Recentemente, tive a experiência de conhecer uma grande empresa no Brasil em que alguns colaboradores vão além de vestir a camisa. Eles *literalmente* tatuam a empresa na pele, e mostram com orgulho genuíno o amor que têm por ela. Fiquei emocionado com o alto grau de conexão emocional que a marca possui com os seus funcionários. Uma realidade como essa é algo bastante raro e, sem dúvida alguma, trata-se de uma grande força da empresa. Afinal, para um time dar o seu melhor para uma liderança, não basta que as pessoas deem as mãos: é preciso dar a cabeça e o coração.

Uma vez que tenha feito um trabalho minucioso no sentido de entender o *core business* do negócio, é chegada a etapa de começar a discutir quais competências serão desenvolvidas em seus colaboradores e quais serão as melhores estratégias de aprendizagem. Vale ressaltar a importância da transparência nesse processo: deve-se comunicar com clareza os objetivos do negócio e o que a organização espera de seus colaboradores, inclusive durante as aplicações dos programas de aprendizagem. Isso promove confiança e gera *segurança psicológica*, afinal, a transparência é a premissa para a sua construção, e faz parte das necessidades básicas do ser humano, segundo Abraham Maslow.

Minha experiência profissional e pesquisas científicas permitem afirmar que a neurociência cognitiva é uma importante ferramenta no processo de ensino e aprendizagem. Esse conceito também pode se aplicar ao ensino voltado ao trabalho e desenvolvimento organizacional. Pessoas envolvidas no desenvolvimento cognitivo de outras pessoas, como pais, por exemplo, devem se reconhecer como mediadoras de mudanças neurobiológicas que caracterizam o processo de aquisição de novos conhecimentos. Outro aspecto relevante na perspectiva da neurociência cognitiva é que, em linhas gerais, a aprendi-

Neuroaprendizagem organizacional 49

zagem é um processo contínuo e que permanece ao longo da vida independemente da idade biológica do indivíduo, desde que não tenham ocorrido acidentes (traumas, lesões) ou doenças neurológicas como mal de Parkinson, Alzheimer, Acidente Vascular Cerebral (AVC) ou outras doenças neurodegenerativas. E, em tempos de novas tecnologias, o conceito de aprendizagem ao longo da vida tornou-se questão de sobrevivência em todos os segmentos profissionais, pois a pessoa estará mais preparada para o novo mundo do século XXI. Vale ressaltar que dedicar-se ao aprendizado contínuo pode satisfazer áreas da vida como autonomia, domínio e propósito, que são necessidades psicológicas do ser humano.

As novas descobertas científicas no campo da neurociência vêm avançando muito nas últimas décadas, e chegam em uma velocidade cada vez maior em publicações de revistas científicas. Ao contrário do que muitos pensam, a neurociência existe há mais de um século. Entretanto, foi somente a partir dos anos 1950 que o interesse pelo cérebro aumentou, devido ao surgimento do computador, que foi desenvolvido com base no funcionamento do cérebro, mais precisamente, dos neurônios. E, nesse contexto, o exame de Ressonância Magnética Funcional foi de suma importância para o avanço nas pesquisas sobre o funcionamento das áreas do cérebro. Vale lembrar rapidamente que, no final do século XVIII, o médico e neuroanatomista alemão Franz Joseph Gall[2] tentou aproximar os conceitos psicológicos no estudo do comportamento humano. Uma das ideias radicais à época era que todo comportamento demanda do cérebro. Ele foi pioneiro no estudo da localização das funções mentais no cérebro.

As neurociências e a educação são áreas autônomas do conhecimento, ainda que possam ter interfaces em comum com potencialidades de contribuições recíprocas. A aprendizagem empresarial tem por finalidade o desenvolvimento de novos comportamentos e habilidades que estejam alinhados aos objetivos do negócio. As estratégias de aplicação no ambiente instrucional físico (salas de treinamento ou espaços não convencionais) podem compreender com eficácia a forma como o cérebro humano é estimulado a aprender e otimizar o processo cognitivo.

Na andragogia, é recomendável que os princípios para a aprendizagem de adultos definidos por Malcolm Knowles[3] na década de 1970 sejam utilizados sempre. São eles: A Necessidade do Aprendiz de Saber, o Autoconceito do Aprendiz, A Experiência Anterior do Aprendiz, A Prontidão para Aprender, Orientação para Aprendizagem e Motivação para Aprender.

É importante perceber que investimentos em aprendizagem corporativa estão diretamente relacionados ao valor que o indivíduo tem para o negócio, daí o investimento na formação curricular de seus funcionários. Nesse sentido, é fundamental considerar se os gestores estão abertos ao processo de cognição e qual o grau de consciência que a organização tem sobre a importância de ter vantagem competitiva no mercado por meio da alta performance de seus funcionários. Esse é um trabalho que exige conscientização

50   Conhecimento Líquido

dos funcionários para que trabalhem entusiasticamente, visando o bem comum. É um processo 100% humano. A predisposição à mudança pelo conhecimento deve ocorrer de dentro para fora do indivíduo, e isso exige autorreflexão e *feedback* positivo ou corretivo. E, claro, as estratégias envolvidas para motivar e conscientizar as pessoas requerem o uso do tempo de maneira bem planejada, pois o tempo é um recurso limitado.

Existem evidências de que quanto maior o faturamento de uma empresa, maior a priorização de seu investimento envolvendo a qualificação de seus funcionários. Nesse sentido, são muitos os desafios a serem superados. Até mesmo paradigmas que focam apenas o retorno de curto prazo. Para chegar a uma vantagem competitiva, a empresa geralmente tem que passar por um processo de inovação, o que requer desenvolver muito mais o pensamento intuitivo do que o pensamento fechado em uma "caixinha". Novamente, a segurança psicológica se faz essencial. Não há como inovar sem errar. O erro faz parte do processo criativo, e quanto antes ele surgir melhor para todos. Processos de desenvolvimento organizacional com bases intuitivas e pensamento analítico propiciam mais chances de sucesso para o cérebro atingir o seu potencial.

Como ouvi de uma consultora que respeito muito, nada é tão bom que não possa ser melhorado. Esse é o meu mantra em processos de desenvolvimento humano. A aprendizagem pode ser compreendida como um processo de investigação mental, e não apenas a recepção passiva de conteúdos transmitidos. Aprender pode ser algo vivo, fisiológico, psicológico, emocional e altamente pulsante. Os seis pilares da andragogia, somados às novas descobertas da neuroaprendizagem, podem gerar resultados de aprendizagem bem mais eficazes. Tenho constatado isso de maneira empírica. Inclusive, a esfera do conhecimento se forma quando a teoria e a prática se integram.

Portanto, quando falamos em neurociência cognitiva e desenvolvimento organizacional, vale ressaltar também a importância das interações das dimensões sociais e biológicas do indivíduo com a cultura organizacional. É fundamental haver coerência entre os valores organizacionais e pessoais, e os comportamentos no dia a dia de maneira prática.

Em linhas gerais, o processo de ensino e aprendizagem aliado às experiências de vida que todos os funcionários trazem em sua bagagem desencadeia processos que modificam a estrutura cerebral de quem aprende e de quem ensina: é uma via de mão dupla. Essa modificação possibilita o surgimento de novos comportamentos desejáveis, adquiridos pelo processo orientado de aprendizagem. Entretanto, como a emoção é inerente ao ser humano, ela também é um dos aspectos a serem considerados, e deve ser direcionada assertivamente para favorecer o processo cognitivo.

What else?

A experiência tem demonstrado que as organizações investem em seus profissionais e buscam o retorno cada vez mais imediato do recurso investido, o ROI. Nesse sentido, entende-se por eficiência atingir resultados com um mínimo de recursos, incluindo investimentos, empenho, tempo e esforço.

Tornou-se prioridade para as organizações brasileiras investir no desenvolvimento de competências operacionais dos seus funcionários ligadas ao foco do negócio (*core business*). Certamente, esse é um reflexo que pode estar relacionado ao cenário brasileiro, ou seja, à necessidade de vender mais e melhor para sobreviver no mercado. Assim, por meio de programas de desenvolvimento humano, é possível otimizar processos e alcançar melhores resultados para o negócio de maneira sustentável. Mas nem sempre a solução ideal está em um treinamento. Às vezes a questão pode ser outra.

Portanto, como disse o educador brasileiro Paulo Freire[4]: "a educação não transforma o mundo... a educação muda as pessoas... pessoas transformam o mundo." E na percepção da autora Margarida Kunsch[5]: "um aspecto relevante a ser levado em conta sobre as organizações é que elas são formadas por pessoas."

Em síntese, é possível afirmar que o investimento em aprendizagem empresarial se reflete em três dimensões:

1. Na qualificação do funcionário;
2. No desenvolvimento organizacional;
3. No progresso do país.

Resumindo, o investimento na qualificação do colaborador é a atitude-chave para conquistar e consolidar a vantagem competitiva das empresas no mercado por meio do conhecimento explicitado e em melhores performances. Nesse sentido, a andragogia, a segurança psicológica e a neuroaprendizagem podem se tornar ferramentas decisivas para gerar melhores resultados no processo de desenvolvimento humano. Assim, todos ganham. Ganha o funcionário, ganha a empresa, ganha o país.

REFLEXÕES SOBRE A INTELIGÊNCIA NO PROCESSO DE APRENDIZAGEM CORPORATIVA

"INTELIGÊNCIA É A CAPACIDADE DE SE ADAPTAR À MUDANÇA."

STEPHEN HAWKING[1]

Embora o conceito de inteligência tenha variado ao longo do tempo e do espaço, a inteligência pode ser considerada como a habilidade de se adaptar ao ambiente e aprender com a experiência. Isso é coisa da vida. É muito usual algumas pessoas falarem algo do tipo: "eu apanhei muito da vida até o dia em que aprendi a lição; agora eu mudei, não apanho mais." As pessoas dizem isso com um certo orgulho, e realmente faz sentido. Só aprendemos quando mudamos o nosso comportamento.

Charles Darwin[2] é considerado o pai da Teoria da Evolução das Espécies.[3] Para ele, "não é o mais forte quem sobrevive, nem o mais inteligente, mas quem melhor se adapta às mudanças". Tenho uma pergunta: Você acha possível dissociar o conceito de inteligência da habilidade de se adaptar ao ambiente e de aprender com a experiência? O que você acha? Antes de responder, releia a pergunta pausadamente e reflita.

Em linhas gerais, a inteligência costuma ser dividida em dois componentes:

» Inteligência fluida: ou seja, a capacidade do indivíduo de lidar com novos desafios;

» Inteligência cristalizada: as habilidades já existentes em cada pessoa e o seu conjunto de conhecimentos adquiridos ao longo da vida.

Vale lembrar que Howard Gardner[4] (Universidade de Harvard) propôs a Teoria das Inteligências Múltiplas[5], segundo a qual existiriam oito inteligências:

1. Verbal-linguística: algumas pessoas têm muita facilidade para lidar com a persuasão, com as palavras. Elas possuem um tipo de inteligência que permite analisar informações e desenvolver produtos de linguagem escrita e oral, como discursos, teses e livros;

2. Lógico-matemática: é a habilidade para desenvolver equações, resolver cálculos e resolver problemas abstratos. Sua manifestação é uma das que as pessoas consideram como "inteligência tradicional" — especialmente em algumas escolas. São pessoas que têm facilidade em contas, em lógica e em estratégia;

3. Espacial: as pessoas que possuem essa inteligência têm uma habilidade incomum para reconhecer o espaço e pensar em termos de cores, formas e medidas em escala grande ou pequena de imagens. São pessoas que conseguem estimar medidas e sabem se orientar em um mapa;

4. Corporal-cinestésica: é a capacidade de usar o próprio corpo e seus movimentos para criar produtos ou solucionar problemas. É a mais requisitada em artistas, sobretudo bailarinos e atletas;

5. Musical: é aquela que permite produzir, recordar e estabelecer sentido em diferentes padrões de som. A inteligência musical se manifesta ao ouvir, cantar, compor e tocar instrumentos musicais;

6. Interpessoal: presente em pessoas que entendem com facilidade o que o outro está sentindo e sabem propor soluções para os problemas. É extremamente útil na hora de estudar em grupos ou de gerenciar uma equipe;

7. Intrapessoal: o indivíduo usa a inteligência para se autoconhecer e se autogerenciar. Geralmente são pessoas que possuem alto grau de autonomia, capazes de reconhecer com facilidade suas próprias intenções, motivações e opiniões. Essa autoanálise pode colocar essas pessoas em boa posição para refletir sobre a condição humana;

8. Naturalística: presente em pessoas que têm forte ligação com a natureza e uma habilidade incomum para identificar e distinguir animais, plantas, formações climáticas e outros elementos do mundo natural.

Para o psicólogo e autor norte-americano Daniel Goleman[6] (Universidade de Harvard), existem dois tipos diferentes de inteligência: a racional e a emocional. A inteligência emocional foi proposta como habilidade de perceber e avaliar as próprias emoções e a dos outros, de expressar e lidar com as emoções de forma a facilitar os relacionamentos (comunicação intrapessoal e interpessoal) e a promover o crescimento pessoal e social. Na perspectiva do autor, quatro pilares estruturam o conceito de inteligência emocional:

1. A autogestão e seu conjunto de valores pessoais;
2. A autopercepção dos seus próprios pensamentos;
3. A gestão dos relacionamentos respeitando os sentimentos e valores das outras pessoas;
4. A percepção social quando construímos relações emocionalmente inteligentes. Essa é uma competência fundamental para líderes e gestores.

Robert Sternberg[7] propõe uma teoria da inteligência bem-sucedida, ou *inteligência plena*. Nesse sentido, a inteligência se expressaria assim:

1. Pensamento analítico: saber avaliar desafios e opções disponíveis;
2. Pensamento criativo: ser capaz de gerar soluções inovadoras para os desafios identificados;
3. Inteligência prática: ser capaz de implementar as opções escolhidas e fazê-las funcionar.

É bastante desafiador mensurar a inteligência que pode ser observada de forma "natural" pela sabedoria, experiência de vida, criatividade, conhecimento empírico ou de habilidades sociais que as pessoas têm na vida, e que se manifestam consequentemente no am-

56 Conhecimento Líquido

biente de trabalho. Nesse sentido, vale ressaltar que, como disse o professor emérito da *London Business School*, Rob Goffee,[8] "na *era inteligente* apenas os curiosos vão crescer".

Na perspectiva da neuroaprendizagem, o funcionamento cognitivo considera a velocidade mental, a memória de trabalho, a atenção e a função executiva como importantes para a inteligência. Uma curiosidade: a inteligência não tem uma localização cerebral específica, ela é fruto do funcionamento integrado de sistemas cerebrais interconectados. Você pode estar se perguntando se a inteligência sofre influências genéticas. Alguns estudos dizem que sim, mas os estímulos ambientais são essenciais para o seu florescimento, pois o ambiente pode controlar a manifestação e o impacto da ação dos genes.

Resumindo, aspectos como a quantidade de neurônios e a velocidade de comunicação entre eles, bem como a especialização funcional em determinadas regiões do cérebro, estão correlacionados diretamente com o que se reconhece como inteligência.

FUNÇÕES CEREBRAIS EM APRENDIZAGEM CORPORATIVA

"VISÃO É A ARTE DE ENXERGAR COISAS QUE SÃO INVISÍVEIS AOS OUTROS."

JONATHAN SWIFT[1]

O cérebro humano é um processador excepcional capaz de realizar múltiplas conexões e infinitas reflexões sobre nossa vida pessoal e profissional. Olha que bacana: *o cérebro tem cinco funções essenciais* que, quando bem utilizadas na perspectiva da aprendizagem corporativa, podem gerar benefícios ímpares para os funcionários (maior satisfação no trabalho, qualidade de vida, maior autoestima, melhores cargos, salários mais altos, promoções etc.) e simultaneamente melhores resultados de negócio para as organizações. As cinco funções básicas do cérebro humano são as seguintes:

1. Receber: por meio dos sentidos o cérebro recebe as informações. Como você deve saber, ter consciência que as informações chegam às pessoas por meio dos sentidos é um grande ganho. Quando combinamos profundidade de conteúdo e metodologias instigantes, a experiência de aprendizagem se torna divertida e envolvente, e certamente é possível alcançar o melhor resultado de aprendizagem por meio de novos comportamentos;

2. Armazenar: o cérebro captura e guarda as informações e consegue acessá-las quando as solicitamos. Logo, é fundamental gerar significado para o indivíduo sobre o aprendizado; assim, o sistema de recompensa do cérebro é ativado e a sua atenção seletiva tenderá a evitar estímulos de distração contribuindo para o aumento do foco no que é importante para cada um dentro do processo de aprendizagem;

3. Analisar: investigando os dados e questionando o seu significado, o cérebro humano reconhece padrões e gosta de organizar informações de um modo que faça sentido para ele. Os dados são quantitativos; as informações são qualitativas. Por isso, quem participa de um programa de aprendizagem deve ter autonomia e liberdade para construir e gerenciar sua própria experiência de aprendizagem ao selecionar e utilizar os recursos necessários para cada um, como, por exemplo, fazer anotações, fotografar, fazer pesquisas na internet em tempo real etc. Entender a importância desses *inputs* para a análise mental de cada pessoa faz com que a qualidade da aplicação do treinamento ganhe outra dimensão. Em suma, torna-se possível compartilhar a responsabilidade pela aprendizagem com um olhar mais empático, mais centrado na pessoa, estimulando a criatividade e a aceitação incondicional positiva de que cada pessoa sabe o que é melhor para si. O conteúdo será analisado de acordo com as vivências e referências prévias de cada indivíduo, compreendendo assim a experiência de aprendizagem como única para cada participante. Em linguagem figurada, esse processo é um diálogo em tempo real entre o cérebro e a própria experiência de aprendizagem personalizada;

4. Controlar: são diferentes os métodos que o cérebro usa para controlar o modo como gerenciamos as informações; deve-se considerar alguns aspectos que influenciam esse processo, como por exemplo o estado de saúde, o comportamento e o ambiente em que a aprendizagem ocorre. Por isso, é fundamental criar um

ambiente de aprendizagem organizacional onde as pessoas se sintam respeitadas e livres de ameaças ou julgamentos;

5. Expressar: o cérebro utiliza pensamentos para expressar as informações que recebe; esses pensamentos utilizam a fala, desenhos, movimentos e todas as outras formas de manifestação criativa. A interação no processo de aprendizagem é essencial para organizar as ideias. Vale lembrar que o cérebro utiliza várias áreas que estimulam a aprendizagem quando as pessoas interagem com o meio e trocam experiências entre si, criando *insights* e novas reflexões. O expressar é essencial para a cognição.

Curiosidade: para o escritor inglês e consultor educacional Tony Buzan,[2] o cérebro começou a evoluir há milhões de anos; entretanto, só há aproximadamente quinhentos anos sabemos que ele está localizado na cabeça, e não no coração. Incrível, não? Mais extraordinário ainda é que cerca de 90% do conhecimento que temos sobre o cérebro e seu funcionamento foi descoberto há aproximadamente trinta anos. Pensando de maneira prática na expressão do conhecimento, vale lembrar Paulo Freire: "A educação não transforma o mundo. Educação muda as pessoas. Pessoas transformam o mundo."

O CÉREBRO EM MUTAÇÃO INFLUENCIADO PELA APRENDIZAGEM CORPORATIVA

"INSANIDADE É CONTINUAR FAZENDO SEMPRE A MESMA COISA E ESPERAR RESULTADOS DIFERENTES."

ALBERT EINSTEIN[1]

A proposta agora é aprofundar um pouco mais a reflexão sobre o cérebro e a aprendizagem corporativa. Na perspectiva da neuroaprendizagem, uma característica marcante do sistema nervoso humano é a sua permanente capacidade de transformação e adaptação ao meio.

Quando o indivíduo aprende algo novo, o cérebro se reorganiza em termos estruturais e biológicos. Essa particularidade é o que a neurociência caracteriza como neuroplasticidade.[2] Em linhas gerais, a neuroplasticidade ou plasticidade cerebral é a capacidade que o cérebro humano possui de se remodelar em função das experiências cognitivas de cada indivíduo, reformulando as suas conexões devido às necessidades e aos estímulos do meio ambiente.

Segundo a neurociência cognitiva, a base da aprendizagem está no fazer e desfazer as associações existentes entre os neurônios; dessa forma, a aprendizagem pode levar à facilitação do fluxo de informações dentro de um circuito nervoso e/ou conectar circuitos já existentes. Ou seja, a aprendizagem e a mudança comportamental têm relação biológica e estrutural no cérebro humano. A boa notícia é que essa capacidade pode permanecer ao longo de toda a vida. Dica importante: a qualidade do sono e a boa alimentação (proteínas) são essenciais na consolidação desse processo. Afinal, como disse Albert Einstein, a mente que se abre a uma nova ideia jamais voltará ao seu tamanho original.

Essa é uma importante contribuição da neurociência em relação à aprendizagem: a comprovação científica da capacidade do cérebro humano de aprender coisas novas durante toda a vida. Nesse sentido, o estudo do comportamento e da neurociência cognitiva ajudam a alcançar resultados e a aplicá-los na sua potencialidade plena no ambiente corporativo.

Afinal, como diz a neurocientista Suzana Herculano-Houzel,[3] pode-se definir aprendizado como sendo a modificação do cérebro por meio da experiência, isto é, o cérebro quando realiza uma determinada ação tem a possibilidade de se modificar de tal forma que, numa próxima ação, ele agirá de maneira diferente de acordo com a sua experiência anterior. Ou seja, o cérebro muda de acordo com os estímulos que recebe.

Portanto, essa descoberta científica da neuroplasticidade comprova que por meio da aprendizagem as organizações podem transformar o cérebro das pessoas positivamente, contribuindo para novos comportamentos. Assim, as organizações podem ganhar mercado investindo no seu principal ativo: as pessoas.

O cérebro em mutação influenciado pela aprendizagem corporativa

A ATENÇÃO NO PROCESSO DE APRENDIZAGEM CORPORATIVA

"PRESTAR ATENÇÃO É A MELHOR MANEIRA DE ELOGIAR."

DALE CARNEGIE[1]

O objetivo da aprendizagem empresarial é transformar o conhecimento em resultados de negócio por meio de novos comportamentos. Para isso, os objetivos de aprendizagem devem ser estabelecidos a partir das necessidades do próprio negócio. Quais as evidências que o programa de aprendizagem alcançou o seu objetivo? No século XXI, empresas que buscam inovação, produtividade e crescimento investem cada vez mais em seu capital humano por ser uma fonte de vantagem competitiva. Pode parecer óbvio para você; entretanto, para que a aprendizagem corporativa alcance os resultados esperados, é fundamental que a sua aplicação desperte o interesse real das pessoas e, naturalmente, conquiste e sustente a sua atenção com inteligência.

Segundo Albert Einstein, "a mente intuitiva é um dom sagrado e a mente racional, um servo fiel". A palavra "atenção" deriva do latim *attendere*, que em outras palavras quer dizer "entrar em contato"; é o que nos conecta ao mundo, determinando a nossa experiência. O ser humano tem a capacidade de selecionar e manter o controle sobre a entrada de informações externas no cérebro. Diversos estímulos no ambiente podem ser conduzidos como informação ao sistema nervoso central. Contudo, boa parte dessas informações não chega a ser processada. Segundo a cientista Suzana Herculano-Houzel, o cérebro humano é formado por cerca de 100 bilhões de neurônios; para outros cientistas, a quantidade de neurônios é de aproximadamente 86 bilhões. No entanto, mesmo com uma quantidade tão grande de neurônios, o cérebro humano não tem a capacidade de examinar tudo ao mesmo tempo.

Na perspectiva da neurociência cognitiva, o cérebro não tem capacidade nem necessidade de processar todas as informações que chegam até ele. Uma teoria que dialoga bem com essas informações é a Teoria da Escada de Inferência,[2] desenvolvida por Chris Argyris.[3] Segundo ela, o ser humano adota crenças baseadas em conclusões a partir do que observa. Isso revela muito do comportamento organizacional. A Escada da Inferência descreve o processo de pensamento pelo qual o ser humano passa, geralmente sem perceber conscientemente, para ir de um fato a uma decisão ou ação. Os estágios do pensamento podem ser vistos como degraus em uma escada. São eles:

1. Realidade e fatos;
2. Realidade selecionada;
3. Realidade interpretada;
4. Suposições;
5. Conclusões;
6. Crenças;
7. Ações.

O cérebro humano é um dispositivo que foi aprimorado ao longo da evolução para observar o ambiente e apreender o que for importante para a sobrevivência do indivíduo. Nesse sentido, o cérebro prestará atenção no conteúdo da aprendizagem empresarial que for julgado relevante para a vida do indivíduo no dia a dia, no trabalho, e/ou que tenha significância para o progresso pessoal. Por isso, é fundamental que o conteúdo tenha consistência e que o facilitador de aprendizagem tenha habilidade para ajudar a despertar o interesse, o significado e a atenção dos indivíduos.

Vale ressaltar que terá mais chance de ser considerado como significante para as pessoas — e, portanto, ser o alvo da atenção — aquilo que faça sentido no contexto profissional em que o indivíduo atua; preferencialmente, que tenha ligações com o que já é conhecido (como os valores organizacionais), que atenda às expectativas, e que seja estimulante e agradável. Compreender o fenômeno da atenção pode contribuir para o aprimoramento de práticas educacionais e para a efetividade do uso de metodologias diversificadas no processo de aprendizagem corporativa. Tudo deve ser construído para favorecer o envolvimento dos participantes de maneira ativa; afinal, é o interesse de cada um que ajuda a construir e gerenciar a sua própria experiência de aprendizagem.

É possível regular a atenção de duas formas: de baixo para cima ou de cima para baixo. Essa dinâmica-chave ajuda a entender como o ser humano direciona a atenção, assim, podendo identificá-la como: reflexa ou voluntária.

1. Atenção reflexa: em síntese, a atenção reflexa, como o próprio nome diz, está diretamente ligada a algum aspecto do ambiente que causou o direcionamento da atenção do indivíduo; seu fluxo é de baixo para cima. Por exemplo, quando um "plin" do WhatsApp de outra pessoa dispara repetidamente capturando a sua atenção ou quando você ouve o seu nome no meio de uma multidão;

2. Atenção voluntária: segue o fluxo inverso, ou seja, de cima para baixo. Sua origem está no cérebro e seu foco está relacionado a uma causa que tenha algum tipo de significado para o indivíduo. Por exemplo, a procura de um e-mail com um arquivo importante ou uma meta a ser alcançada, como o entendimento de um novo conceito que poderá trazer ganhos para sua vida e carreira. Em suma, a atenção voluntária é comandada por aspectos centrais do processamento cerebral. É deliberada, intencional.

Um aspecto que pode ser desafiador na aprendizagem empresarial é a manutenção da atenção por longos períodos. Isso ocorre por esse processo exigir a ativação de circuitos neurais específicos e, naturalmente, após determinado período a tendência é que o foco atencional seja desviado por outros processos, como novos pensamentos relacionados ao trabalho ou por estímulos distraidores do próprio ambiente. Em aprendizagem corporativa, vale lembrar que exposições muito extensas raramente serão capazes de manter a atenção das pessoas. Nesse sentido, é fundamental dividir o conteúdo em diferentes estratégias de aprendizagem, com o objetivo de conquistar e manter a atenção dos participantes. Por exemplo, conteúdos mais densos devem ser evitados próximo ao horário do almoço. É possível dividir o foco atencional para aspectos específicos do conteúdo. Outra estratégia que tende a ser eficaz são as pequenas pausas para descanso; elas contribuem para intensificar o processo atencional ao restaurar a atenção. Assim, as chances de sucesso são ainda maiores.

Segundo os autores Michael Posner e Mary Rothbart, (autores do livro *Educating the Human Brain*)[4], a atenção fornece os mecanismos que sustentam a consciência humana no mundo e a regulação voluntária dos pensamentos e sentimentos.

A cientista Suzana Herculano-Houzel, no livro *A vantagem humana*,[5] diz que devemos ter em mente que o cérebro humano é um órgão que supostamente triplicou o seu tamanho em apenas 1,5 milhão de anos — um tempo irrisório em termos evolutivos — enquanto o cérebro dos grandes primatas não humanos manteve o tamanho, um terço do nosso, por no mínimo quatro vezes mais tempo.

Nesse processo evolutivo foi possível perceber no ambiente os estímulos relevantes para a sobrevivência da espécie humana. Pode-se dizer que a atenção funciona como um filtro que o cérebro humano utiliza para decidir qual informação será processada a cada momento. Portanto, o cérebro está permanentemente preparado para apreender os estímulos que sejam significantes. Parece familiar, não?

A maneira primordial de captar a atenção das pessoas no ambiente de aprendizagem corporativa pode ser decisiva para o sucesso da aprendizagem. Apresentar o conteúdo de maneira que as pessoas o reconheçam de imediato como significante, e que possa resultar em benefícios para o indivíduo, para a equipe e para a empresa, tende a gerar os melhores resultados. Afinal, como disse Darwin: "A atenção é a mais importante de todas as faculdades para o desenvolvimento da inteligência humana."

Para finalizar, segundo um grupo de pesquisa da Universidade Carnegie Mellon, "o recurso mais precioso de um sistema de computador não é mais o processador, a memória, o disco ou a rede, mas a atenção humana".

PROCESSOS EMOCIONAIS EM EDUCAÇÃO CORPORATIVA

"CONHECE-TE A TI MESMO."

SÓCRATES[1]

"**C**onhece-te a ti mesmo" é a essência de aprender a lidar de maneira assertiva com as emoções. Ao refletir sobre as emoções, o autoconhecimento é essencial. Na perspectiva da neuroaprendizagem, as emoções são inerentes aos seres humanos pois elas têm relações com a aquisição de novos conhecimentos, com o processo de aprendizagem e com a formação de memórias de longa duração. Momentos marcados por emoções geralmente são lembrados por muito tempo. Nesse sentido, quando as emoções são levadas em conta nos processos de aprendizagem, os resultados tendem a ser bem mais assertivos e memoráveis.

As emoções têm grande influência na aprendizagem e na memória. É possível usar como exemplo para fundamentar essa afirmação as chamadas memórias de *flashbulb*. Sua tradução pode ser entendida como "memórias instantâneas", com relação direta com as emoções. Quando ocorre algum fato marcante que envolve emoção, geralmente as pessoas se lembram com clareza e por mais tempo o que estavam fazendo naquele exato momento. Por exemplo, é fácil encontrar pessoas que se lembrem com precisão o que estavam fazendo quando ocorreram os atentados de 11 de setembro em Nova York. Essa pode ser considerada uma evidência da influência das emoções no processo de memorização. Psicólogos usaram pela primeira vez expressão *flashbulb memories* no fim dos anos 1970, para descrever a forma excepcionalmente vívida e detalhada com a qual as pessoas lembravam acontecimentos públicos traumáticos, como os assassinatos do presidente John F. Kennedy e do defensor dos direitos civis Martin Luther King.[2]

As emoções aliadas ao controle emocional certamente contribuem com o processo de aprendizagem empresarial. Estimular emoções positivas por meio do bom humor, atrelado à qualidade e à profundidade do conteúdo, ajuda a criar momentos de descontração e a promover um ambiente mais criativo no processo de ensino e aprendizagem. Mas deve-se evitar querer forçar o riso, pois o efeito é justamente o oposto. A autenticidade é essencial. Humor é coisa da vida. Vale ressaltar que a energia pessoal, o carisma e a compreensão empática do facilitador a serviço do domínio de métodos e metodologias adequadas é um grande diferencial para gerar conexão emocional com os participantes e para otimizar resultados consistentes de aprendizagem. Nesse contexto, as utilizações de músicas e das artes em momentos apropriados são recursos que poderão ajudar a estimular e a envolver ainda mais os participantes no ambiente instrucional. Segundo o autor Robert Dilts,[3] um dos objetivos de uma apresentação é criar uma experiência positiva para as pessoas, colocando-as em um "estado positivo". Esse conceito é aprofundado no texto *Os quatro objetivos básicos de uma apresentação*. Conhecimentos e conceitos teóricos apresentados com emoções positivas conectam mais as pessoas, fazendo com que a aprendizagem seja um processo leve e propício a reflexões.

Às vezes, as emoções podem ter origem inconsciente, sendo atribuídas a outras pessoas e/ou situações. Portanto, a origem de eventuais reações emocionais pode não estar relacionada ao momento em si, mas com situações anteriores, vindas, por exemplo, do contexto familiar ou social do indivíduo e se refletir em reações no seu processo de aprendizagem empresarial. É crucial que a percepção do facilitador de aprendizagem seja lapidada permanentemente para identificar possíveis reações emocionais no processo da aquisição de novos conhecimentos. Algumas reações podem ser sutis, como microexpressões faciais. Nesse sentido, é fundamental estar 100% presente e plenamente consciente em relação à linguagem corporal e emocional dos participantes, pois ela é veloz. Reações físicas costumam ser instantâneas, antes mesmo de serem verbais. Outra vez, vale reiterar a importância de se perceber o feedback não verbal das pessoas em tempo real. O estresse deve ser identificado e evitado, pois ele poderá inibir e até bloquear o processo de aprendizagem, aumentando a produção do hormônio cortisol.

Outro aspecto a se observar aqui é que as emoções propiciam um estado de atenção para o que consideramos importante. E, nesse sentido, a aprendizagem corporativa pode se beneficiar amplamente. Facilitadores podem impulsionar emoções positivas no ambiente com o objetivo de propiciar o aumento da atenção, reduzir a ansiedade e ajudar a assegurar um relaxamento adequado aos participantes. É fundamental criar um ambiente de confiança, ter entusiasmo e estimular a curiosidade do grupo sobre os temas abordados por meio de novos olhares e provocações. Alternando com momentos intencionalmente densos e reflexivos, deve-se criar um ambiente estimulante e alegre durante a aplicação de um programa de desenvolvimento humano. Nesse processo, o repertório do facilitador terá fundamental relevância.

Em suma, conhecer os processos emocionais envolvidos na cognição e no processo de aprendizagem empresarial poderá ajudar empresas e facilitadores a conquistarem resultados de aprendizagem ainda melhores, mais consistentes, e sustentáveis para o negócio.

APRENDIZAGEM CORPORATIVA E MEMÓRIA

"ONDE QUER QUE VOCÊ ESTEJA, ESTEJA POR INTEIRO."

ECKHART TOLLE[1]

Para começar, uma pergunta: Você acha que aprendizagem e memória têm o mesmo conceito? Para simplificar, sugiro uma breve reflexão sobre aprendizagem e memória. A memória é um mecanismo essencial para a aprendizagem; entretanto, aprendizagem e memória têm conceitos distintos. Se uma pessoa tem boa saúde neurológica, a memória pode e deve ser estimulada — a memória não é unicamente biológica. Por meio de vários processos, o cérebro humano cria registros duráveis da memória de longa duração. Esse conhecimento pode ser relevante para as práticas relacionadas ao processo de ensino e aprendizagem. Um detalhe que você pode achar curioso é que boa parte da aprendizagem e da construção da memória se faz por mecanismos que não envolvem processos conscientes do cérebro, ou seja, aprendemos o tempo todo com a própria vida, mas nem sempre temos consciência disso.

No contexto da aprendizagem empresarial, vale lembrar que se trata de programas de atualização de conhecimentos somados à estratégia do negócio. Segundo a autora Marisa Ebole,[2] a educação corporativa é um sistema de desenvolvimento de pessoas pautado pela gestão por competências, cuja missão consiste em formar e desenvolver talentos na gestão do negócio, promovendo a gestão do conhecimento organizacional por meio de um processo de aprendizagem ativo e contínuo. Ou seja, para que haja um processo contínuo é preciso haver a continuação de aprendizagem. Logo, é possível caracterizar a aprendizagem corporativa como o processo de aquisição de conhecimentos úteis para solucionar desafios do negócio, e a memória como sendo o armazenamento e a duração desses conhecimentos, de tal forma que as pessoas possam lembrar de explicitar uma performance melhorada por longos períodos. Contudo, para haver êxito nesse processo deve-se incluir outros processos que contribuam para assegurar a transferência do aprendizado e a sua aplicação no trabalho. Se a organização não investir nessa estratégia, os resultados não se sustentarão por longos períodos. A metodologia das Seis Disciplinas (6Ds)[3] desenvolvida por Roy Pollock, Andrew Jefferson e Calhoun Wick é uma excelente ferramenta para transformar a educação em resultados para o negócio.

Na perspectiva da neurociência cognitiva, a memória processada de forma inconsciente é chamada de *memória implícita* (não declarativa), enquanto chamamos de *memória explícita* (declarativa) aquela que envolve os mecanismos conscientes. Quando uma informação é considera relevante para uma pessoa, ela deve passar pelo filtro da atenção e, em seguida, por um processo de codificação. Por meio desse sistema, a experiência de aprendizagem vivenciada provoca a ativação de circuitos neurais, caracterizando a memória operacional.

Visando a eficácia no processo de aprendizagem corporativa, sugiro que se observe três processos essenciais para que ocorra o aparecimento de um registro memorável no cérebro:

1. Repetição;
2. Elaboração;
3. Consolidação.

Para ilustrar esse processo aqui, um exemplo bastante simples. Tente imaginar um indivíduo que conhecesse apenas um macaco de cor preta em toda sua vida e que, de repente, encontrasse um macaco com a cauda amarela. O novo conhecimento pode durar algum tempo; entretanto, se nunca mais se repetir, certamente poderá cair no esquecimento. Agora, se a nova informação (a visão do macaco de cauda amarela) despertar a curiosidade desse indivíduo em buscar informações complementares — conversando com outras pessoas, lendo artigos e livros sobre o assunto, fazendo pesquisas na internet etc. — essas atividades trarão repetidamente conhecimentos (ou registros já existentes no cérebro) para um alto nível de ativação, tornando-os disponíveis para a memória operacional e permitindo que outras informações se incorporem ao conjunto; como, por exemplo, macacos podem ter outras cores, raças e tamanhos, são brincalhões, gostam de banana, pulam em árvores, podem ter doenças específicas etc. Ou seja, todas essas novas informações estarão agora conectadas em uma rede de informações e circuitos neurais no cérebro relacionada ao conceito de "macaco".

Como você provavelmente deve ter notado, nesse processo, o uso da *repetição* da informação, junto com a sua *elaboração* — ou seja, sua associação com registros já existentes no cérebro — fortalece a memória e a torna mais durável. No processo de aprendizagem corporativa, o indivíduo pode simplesmente decorar uma nova informação ou conceito, contudo, o registro se tornará mais forte se procurarmos criar ativamente vínculos e relações daquele novo conteúdo com sua possível aplicabilidade no dia a dia na empresa, e com o que já está armazenado em seu cérebro, como, por exemplo, a cultura organizacional.

Vale ressaltar que gestão e cultura são inerentes para líderes de sucesso. Organizações como o Instituto Disney[4] acreditam que líderes excelentes têm equipes excelentes, e dessa forma alcançam a satisfação dos clientes (internos e externos) e melhores resultados (financeiros e operacionais).

Em programas de desenvolvimento de liderança, o modelo de competências desenvolvido pela organização pode e deve ser relembrado, pois geralmente descreve competências ou práticas consideradas fundamentais para a excelência do trabalho dos gestores na organização. Analisar essas competências e relacioná-las com as novas informações pode ser um exercício de reflexão que ajudará as pessoas a identificarem as competências que considerem mais fortes, bem como seus *gaps,* podendo dar um pouco mais de foco e dedicação. Dica: processos de coaching bem-estruturados e aplicados por coachs com formação são altamente eficazes nesse contexto. O processo de ensino e aprendizagem poderá contribuir para o seu *autoconhecimento*, ferramenta essencial para gestão de pessoas.

Conteúdos aprendidos utilizando um nível mais complexo de elaboração terão mais chance de se tornarem um registro forte, uma vez que mais redes neurais estarão envolvidas nesse processo. Ou seja, é fundamental conhecer profundamente a organização antes de desenhar um programa de desenvolvimento humano para aprimorar competências técnicas ou comportamentais; assim, será possível se beneficiar da contribuição da neurociência cognitiva para aumentar os resultados de aprendizagem. Tais competências precisam im-

80 Conhecimento Líquido

pactar os resultados do negócio. Como disse Van Adelsberg e Trolley, "o treinamento que você oferece tem que contribuir — visível e substancialmente — para a concretização das estratégias comerciais de seus clientes".[5]

Outro ponto a ser observado é que, além do processamento verbal, é essencial utilizar vários canais sensoriais de acesso ao cérebro dos colaboradores, como, por exemplo, métodos que envolvam o corpo como simulações e dramatizações (*Role play, Real play*), imagens de vídeo, sons etc. Usar canais diferentes para a informação chegar ao cérebro é muito eficaz; nesse sentido, atividades em pequenos grupos seguidas de uma apresentação (plenária) para todos os presentes podem gerar excelentes oportunidades de feedback e aprendizado. Afinal, segundo o pensamento de Sêneca,[6] "aprendemos ensinando".

Os registros podem ser fracos ou fortes; entretanto, são os processos de repetição e elaboração que determinarão a força do registro. É possível dizer que o nível de ativação tem a ver com a disponibilidade em determinado momento para atingir a consciência. Por exemplo, imagens de bananas poderão trazer à tona informações conhecidas sobre os macacos. Lembra?

O cérebro humano armazena a memória de forma fragmentada. Fazendo uma analogia, é como um computador que contém vários arquivos organizados em diretórios. Quando você tenta se lembrar de algo que aprendeu sobre determinado conteúdo, a memória que surge em sua consciência é construída por meio de uma ativação *integrada.* Por exemplo, quando você ouve a palavra "macaco", pode ver mentalmente a imagem do animal — ela será encontrada nas áreas do cérebro que lidam com a visão. A impressão tátil que você possa ter ao lembrar o macaco (se já tocou o animal), estará armazenada nas áreas somestésicas do cérebro. A imagem auditiva será processada nas áreas relacionadas à audição, e assim sucessivamente: todas as áreas envolvidas na memória serão ativadas. Incrível, não?

Como o foco aqui é refletir sobre a aprendizagem corporativa, vale lembrar que as informações na *memória explícita* são organizadas sob a forma de redes. E olha que legal: a memória declarativa (explícita) é subdividida em duas memórias: a episódica e a semântica:

1. *Memória episódica*: tem relação com nossas vidas pessoais; refere-se ao "quando" e ao "onde";

2. *Memória semântica*: refere-se ao conhecimento; ou seja, é o "quê", o "como" e o "por quê".

E assim o cérebro humano vai organizando o pensamento. Por exemplo, um adolescente pode saber que 3 × 111 = 333; isso faz parte da memória semântica. Contudo, se esse adolescente lembrar que aprendeu as operações matemáticas com uma determinada professora de reforço escolar (ou "banca", como se diz na Bahia), na casa dela, no período vespertino, com lápis, café, bolachas etc, todos esses dados pertencerão à memória episódica.

Aprendizagem corporativa e memória 81

Já a memória implícita, que ocorre independentemente dos processos conscientes, também se divide em processos; entretanto, o tipo mais importante — por ser o que mais as pessoas costumam usar no dia a dia no trabalho, é o que se conhece por *memória de procedimentos*. É muito simples. Trata-se de uma memória sensório-motora que se manifesta quando o indivíduo executa procedimentos ou habilidades no cotidiano; por exemplo, ao digitar com velocidade no seu computador ou *smartphone*. Essa habilidade se instaura essencialmente por meio de um processo de *repetição*. Um detalhe curioso é que diferente da memória explícita, ela não se organiza em redes no cérebro humano.

O processo de *consolidação* é fundamental para que os registros no cérebro sejam armazenados por mais tempo. Daí, outra vez, a importância do sono de qualidade. É nesse processo que ocorre um remapeamento das conexões das redes de neurônios, a chamada neuroplasticidade. A alimentação também é essencial nesse processo. Como consta no texto *Neurociência e aprendizagem corporativa*, essas alterações envolvem a produção de proteínas e outras substâncias que são utilizadas para o fortalecimento ou criação de sinapses. Cuidado: a eventual privação do sono pode impedir ou prejudicar o processo de consolidação de novos conhecimentos tanto para a aprendizagem empresarial quanto para a vida.

Quanto ao esquecimento, você pode achar óbvio, entretanto, é importante lembrar que, assim como novas conexões sinápticas podem ser formadas por meio da prática, elas podem ser desfeitas pelo seu não uso. Logo, boa parte do conteúdo no processo de ensino e aprendizagem poderá se perder ao longo do tempo se não houver ações de reforço de transferência do conhecimento. É claro que o aprendizado só agrega valor quando ele é utilizado. Como disse um amigo, se o aprendizado não for colocado em prática, ele vira sucata. Após o treinamento, é preciso haver de imediato o apoio da empresa e de gestores para garantir a transferência do aprendizado, ajudando as pessoas a colocarem em prática o que foi aprendido. Na perspectiva da neurociência cognitiva, há um esquecimento mais rápido no início do processo, seguido de uma curva de esquecimento que é mais lenta ao longo do tempo.

Portanto, para haver eficácia no processo de aprendizagem corporativa, é importante ressaltar que estratégias bem desenhadas serão aquelas que atentem para os princípios do funcionamento do cérebro humano e que estejam alinhadas ao DNA da empresa (a cultura organizacional). As 6Ds apresentam uma estrutura de desempenho de ponta para facilitar esse processo. Em linhas gerais, é necessário determinar os resultados para o negócio; desenhar uma experiência completa; direcionar a aplicação; definir a transferência do aprendizado; dar apoio à performance e documentar os resultados.

É fundamental dominar com segurança as metodologias de aprendizagem e conhecer o funcionamento da memória no cérebro humano. Essa pode ser uma boa estratégia para otimizar os resultados de aprendizagem e impactar positivamente o negócio com resultados comerciais significativos para os seus clientes. Mas lembre-se do que Jung disse: "Conheça todas as teorias, domine todas as técnicas, mas, ao tocar uma alma humana, seja apenas outra alma humana."

OS NÚMEROS NO PROCESSO DE APRENDIZAGEM CORPORATIVA

"O PRIMEIRO REQUISITO PARA O SUCESSO É TER HABILIDADE DE CANALIZAR INCESSANTEMENTE SUAS ENERGIAS FÍSICAS E MENTAIS PARA RESOLVER UM PROBLEMA OU ALCANÇAR UM OBJETIVO."

THOMAS EDISON[1]

Por que será que algumas pessoas têm mais afinidade com a área de humanas e outras com a área de exatas? Qual seria a lógica? Para muitas pessoas, as dificuldades de lidar com os números podem gerar medo e/ou ansiedade em algum momento na esfera profissional. Na perspectiva da neurociência cognitiva, emoções negativas geralmente interferem no funcionamento de outras áreas cognitivas que são essenciais para a aprendizagem; e, ao contrário da educação convencional, a experiência da aprendizagem para adultos só fará sentido e terá significado quando o indivíduo entender com clareza qual o seu objetivo e o que efetivamente fará com os novos conhecimentos; quais serão os seus ganhos e benefícios.

É fundamental que os profissionais da aprendizagem ajudem as pessoas a identificarem o que as motivam a aprender. Um detalhe deveras importante é que, se o indivíduo tiver uma crença limitante como um autoconceito negativo sobre sua capacidade de aprendizado, isso poderá se tornar uma barreira psicológica e um obstáculo real. Muitas crenças que tiveram origem na infância se mantêm vivas na vida adulta de muitas pessoas. É preciso lembrar sua idade atual, o ano que se está vivendo e dizer para si que o passado não existe mais. É preciso atualizar seu *app* mental. Pode não ser fácil, mas é possível, e os ganhos podem ser uma vida melhor, com mais bem-estar e mais prosperidade. Em relação ao aprendizado dos números, essa pode ter sido uma experiência traumática para muitas pessoas, inclusive para as de sucesso. A cantora Maria Bethânia, por exemplo, revelou em uma entrevista ao jornalista Pedro Bial que fica tão nervosa na véspera dos seus shows que até hoje sonha com provas de matemática nos dias em que se apresenta. Algo desesperador para a artista. Quero ressaltar que ninguém é obrigado a gostar dos números. A ideia aqui é trazer à luz um olhar sobre os números na perspectiva da neurociência cognitiva.

É óbvio que nem todas as pessoas de uma organização têm aptidão para lidar com cálculos; entretanto, aprimorar tais habilidades poderá ajudar a sobreviver no ambiente empresarial. A habilidade de análise de dados, por exemplo, é de grande relevância para gestores comerciais. A boa notícia é que na perspectiva da neurociência cognitiva o cérebro humano tem uma programação natural para lidar com números. Parece incrível, não? A habilidade para estimar quantidades e fazer comparações entre elas pode ser observada inclusive nos bebês por meio de experimentos. Essa é uma competência inata aos humanos; contudo, existem pessoas que, quando crianças, não desenvolveram o senso numérico, embora tenham um bom nível de inteligência; essas crianças têm o que a neurociência chama de *discalculia*. Outra boa notícia é que existem evidências que indivíduos que tiveram discalculia podem desenvolver a habilidade de identificar e lidar bem com quantidades.

A percepção numérica é uma característica essencial da representação dos objetos nos cérebros dos animais. Por exemplo, um macaco que não conseguir identificar qual cacho de banana tem maior quantidade de frutos certamente poderá ter dificuldades para a sua sobrevivência. Nesse sentido, quando pensamos em quantidades, na espécie humana, fazemos uma representação mental por meio de uma fileira de números no sentido crescente da esquerda para a direita. Contudo, em culturas em que a escrita ocorre da direita para a esquerda, como, por exemplo, entre os árabes, a representação mental da fileira dos números também acontece nesse sentido.

Uma das características do cérebro humano é que ele não tem uma área específica para o processamento da matemática. Alguns circuitos cerebrais agem de maneira integrada e simultânea para o seu processamento, como a memória operacional e a atenção.

Em linhas gerais, o hemisfério esquerdo do nosso cérebro é capaz de fazer cálculos, e o direito de fazer estimativas que se aproximam do resultado correto. Mas ambos os hemisférios são capazes de fazer comparações de quantidades e avaliar números. Vale lembrar que é possível aperfeiçoar o senso numérico dos funcionários por meio de *games* corporativos e/ou atividades que envolvam a interação social. Ao refletir sobre programas de aprendizagem, talvez você possa achar que é óbvio, mas cabe aqui lembrar a importância do profissional de *Design Instrucional* para desenhar uma experiência completa e personalizada. Outro detalhe importante de se lembrar é que algumas pessoas geralmente são menos propensas a aprender sozinhas temas de maior complexidade técnica.

Segundo o *Modelo do Triplo Código* (MTC),[2] os números são processados em três circuitos diferentes que são acionados simultaneamente por meio da:

» Representação visual simbólica dos números (7, 10, 13);

» Representação verbal dos números (sete, dez, treze);

» Compreensão da sua magnitude (fileira numérica: 1, 2, 3, 4...).

Outro aspecto curioso a se observar é a relação espacial dos números no nosso cérebro: a distância entre os números representa maior ou menor quantidade. O quesito "espacial" da representação numérica é relevante porque a noção de quantidade parece depender de um circuito cerebral localizado em uma área do cérebro responsável pelo processamento da percepção de espaço, o córtex parietal. Curiosamente, pessoas que têm bom desempenho nas tarefas que envolvem noção de espaço e distância tendem a assimilar melhor tarefas que envolvem cálculos, desde que sejam estimuladas.

Desenvolver as habilidades humanas em uma organização geralmente ajuda a promover o progresso, melhores resultados econômicos para o negócio e, consequentemente, a gerar vantagem competitiva. Contudo, os benefícios da aprendizagem devem estar alinhados consciente e estrategicamente aos resultados de negócio. E, quando se fala em educação, todos ganham. Afinal, o conhecimento é algo que as pessoas levam consigo na vida.

A neurociência cognitiva só recentemente começou a entender as relações entre o cérebro e os números. Atualmente, temos uma compreensão razoável de como o cérebro lida com os números em situações no dia a dia. Entretanto, habilidades matemáticas mais complexas continuam sendo estudadas.

86 Conhecimento Líquido

O PODER DA RESSIGNIFICAÇÃO NAS EQUIPES

"O SABER QUE NÃO VEM DA EXPERIÊNCIA NÃO É REALMENTE SABER."

Lev Vygotsky[1]

N a perspectiva da neurolinguística, a palavra *ressignificação* é a capacidade das pessoas de conferirem novo significado a situações vivenciadas. Mas isso só pode ocorrer a partir de uma nova visão de mundo. Então, para isso, torna-se imprescindível o crescimento e o amadurecimento do ser humano. Aprender com os erros é um grande sinal de maturidade, assim como aprender a reconhecer o seu próprio valor pessoal e conduzir a sua vida não dependendo mais do fato de os outros gostarem de você ou o tratarem bem para que você possa reconhecer o seu valor.

De modo geral, as pessoas sentem-se mais fortalecidas e autoconfiantes quando aprendem a reconhecer e a valorizar mais as suas conquistas e habilidades do que seus pontos frágeis e insucessos. Isso não significa ignorá-los. É fundamental ter consciência deles para o processo de ressignificação. No contexto de gestão de pessoas, focar os aspectos positivos de sua equipe e celebrar os resultados conquistados (por menores que possam parecer) é mais promissor do que concentrar-se em seus *gaps*. Essa é a base para desenvolver sua equipe e construir um futuro com resultados sustentáveis. É claro que os erros sempre acontecerão, porém, a sua relação com eles poderá fazer total diferença para o crescimento do time. Segundo a Psicologia Positiva, o bem-estar e a prosperidade podem direcionar o foco para o que está dando certo. Nesse sentido, várias metodologias e conceitos podem ajudar: Investigação Apreciativa e IKIGAI são bons exemplos.

É fundamental ampliar a forma de interpretar a realidade, percebendo que há sempre mais de uma maneira de se relacionar com as situações. Afinal, é possível construir a realidade de acordo com a interpretação que o ser humano faz dos acontecimentos. O problema não é o problema, mas a maneira de encará-lo. O significado que você atribui a sua experiência torna-se a sua realidade vivenciada. Tudo isso pode parecer filosófico, mas é totalmente prático e real. Segundo o pensamento de Protágoras[2]: "O homem é a medida de todas as coisas."

A percepção e a interpretação da realidade podem gerar energia positiva ou negativa. A boa notícia é que quem escolhe é somente você. Seu modelo mental é fundamental para o seu autodesenvolvimento (seja você líder ou membro de uma equipe), e, nesse sentido, pensar "fora da caixa" passa a ser questão de sobrevivência. Parece familiar, não? Outra vez, a importância de virar a chave para um mindset de crescimento.

Quanto mais limitada for sua interpretação da realidade, mais restrito será seu repertório de comportamentos, atitudes, estratégias, ações e soluções. Vale lembrar que a maneira como uma pessoa interpreta um evento ou acontecimento baseia-se em valores, crenças, intenções e experiências pessoais. Agora, uma pergunta desafiadora: o que o impede de realizar seus objetivos e ser o profissional que você pode ser? Pare, pense e responda por escrito antes de prosseguir sua leitura. Você pode ser uma pessoa de sucesso, mas nada é tão bom que não possa melhorar. Faz sentido?

O poder da ressignificação nas equipes

MANEIRAS SIMPLES DE AUMENTAR A PRODUTIVIDADE

"NÃO HÁ NADA MAIS INÚTIL DO QUE FAZER COM EFICIÊNCIA O QUE NÃO DEVERIA TER SIDO FEITO."

PETER DRUCKER[1]

Produzir mais é dedicar mais tempo para o que realmente importa. Muitas pessoas confundem excesso de trabalho e falta de tempo com alta produtividade, mas trabalhar muito não significa trabalhar com produtividade. Na verdade, essa é uma questão de manter o foco no que importa, ter organização mental, autodisciplina, planejamento e execução. Em resumo, é ter liderança pessoal e administração pessoal. De nada adianta ter disciplina para fazer coisas que não geram resultados. Como se diz na administração estratégica, isso se chama Princípio de Pareto – 80/20. Ou seja, 80% dos resultados se originam em 20% das atividades. Para melhorar sua produtividade e gerenciar melhor o tempo, é essencial saber como você o utiliza hoje. Se você pensar um pouco melhor, ninguém gerencia o tempo. Só é possível gerenciar o seu próprio comportamento e escolhas diárias, que serão fundamentais para a sua produtividade. Acredite, vale a pena dedicar alguns minutos para refletir e mapear, colocando no papel os assuntos e tarefas aos quais você dedica o seu tempo. Você poderá dividir suas atividades por quantidade de horas no dia, na semana, quinzena, mês, bimestre, trimestre, semestre, ano e assim sucessivamente. É um exercício simples, mas que lhe ajudará a identificar os "drenos" no seu tempo. Você pode começar colocando no papel ou em algum meio digital a sua agenda semanal. Acessórios como agenda ajudam muito. Como não existe tempo para fazer tudo o que você precisa, selecione e liste as tarefas mais importantes. Crie um *ranking* para classificar os graus de prioridade de cada tarefa. Comece cada dia pelas tarefas que mais darão retorno para sua vida ou objetivos profissionais. Essas são técnicas simples, porém de alta eficácia.

O tempo é algo muito parecido com o dinheiro. Pequenas quantias podem nos sabotar e somar um resultado expressivo. Se a pessoa desperdiça o tempo do seu dia com atividades circunstanciais como a pausa prolongada para o café, ao final de uma semana ou de um mês terá gasto um bom tempo de maneira inútil. Assim como, se a pessoa gasta pequenas quantidades de dinheiro com coisas desnecessárias, ao final do mês ou de ano ela terá gasto muito sem perceber. Você pode ter notado que muitos produtos caros são ofertados no varejo apresentando ao cliente apenas o valor diário ou da parcela de pagamento para facilitar a venda.

Segundo o especialista em produtividade Christian Barbosa,[2] o ideal é dividir o tempo em três esferas para uma melhor produtividade – A Tríade do Tempo. Dedicando 70% do tempo para as coisas que são importantes, 20% para as que são urgentes e 10% para as circunstanciais. Você pode pensar: Valter, tudo é importante! Então vamos pensar juntos. Coisas importantes são todas aquelas que lhe trarão resultados ao longo do tempo. E, quando você não cuida delas, em algum momento se tornarão urgentes. As coisas circunstanciais são todas aquelas que não contribuem para resultados na sua vida. Por exemplo, checar compulsivamente as redes sociais, excesso de pausas, navegar na internet sem objetivo etc. Ao gerenciar melhor o tempo, você consegue produzir mais e diminuir o estresse de um prazo não cumprido.

Manter a concentração nas atividades é algo essencial para alcançar objetivos e realizar tarefas com sucesso. Vale lembrar que a produtividade tem relação direta com o uso do tempo. As pequenas pausas são benéficas e têm papel fundamental para a boa saúde e para restaurar a atenção. Como disse Daniel Goleman,[3] a atenção funciona como um músculo que precisa de descanso para se fortalecer. Facilitadores de aprendizagem têm o desafio de direcionar a atenção dos aprendizes; isso melhora o foco, a comunicação e a qualidade do processo de aprendizagem. Nada contra a era digital, muito pelo contrário. Mas é importante que o uso da tecnologia contribua para a aprendizagem, e não o contrário. Vale lembrar o texto *Processo de neurociência em aprendizagem*, presente neste livro, em que é citada uma pesquisa da Universidade da Califórnia que concluiu que, a cada interrupção, o cérebro humano leva em média 23 minutos para voltar a se concentrar na tarefa que estava sendo desenvolvida com a mesma produtividade. Portanto, manter os aparelhos ligados, mas no modo silencioso, é altamente produtivo. Manter o foco nos objetivos é fundamental. O autor Daniel Goleman resume em uma palavra os benefícios de se manter focado: *sucesso*.

Não é preciso reinventar a roda. Para crescer profissionalmente e alcançar novos resultados nas empresas com maior produtividade, é necessário buscar novos caminhos, métodos e metodologias para gestão de pessoas e de processos. Para o cientista Jack Dixon, se o indivíduo focar somente os resultados talvez nunca consiga mudar. Mas ,se focar a mudança, com certeza terá resultados. Na percepção de Simon Sinek,[4] "100% dos clientes são pessoas, e 100% dos funcionários são pessoas. Se você não entender as pessoas, não entenderá o negócio". Configurar o cérebro para produzir mais e aprender com os erros, assim como estar aberto para aprender algo novo ajudará nos progressos pessoal e empresarial.

A educação é um dos setores mais importantes de um país, e é certamente o melhor caminho para o desenvolvimento das pessoas, das organizações e da sociedade. E, ao refletir sobre produtividade e felicidade, vale lembrar o autor Brian Tracy, que acredita que o que importa mesmo é a qualidade do tempo no trabalho (sua produtividade) e a quantidade de tempo em casa.

DROPS SOBRE O MODELO DE AVALIAÇÃO DE KIRKPATRICK

"O QUE NÃO PODE SER MEDIDO, NÃO PODE SER GERENCIADO."

WILLIAM EDWARDS DEMING[1]

Peço sua atenção: esse modelo de avaliação de aprendizagem pode ser usado em diversos contextos, pois é simples e eficaz. Agora, se você é profissional no segmento de educação corporativa, certamente vão lhe perguntar (caso ainda não o tenham feito) quais são os seus conhecimentos a respeito do Modelo de Avaliação de Donald Kirkpatrick.[2] Então, vamos lá, para mais uma reflexão que poderá ser bastante útil. Para medir os níveis de aprendizagem em programas de desenvolvimento humano, o Modelo de Avaliação de Donald L. Kirkpatrick[3] é uma ferramenta essencial.

Quando surgiu? Em 1959, Kirkpatrick estabeleceu as bases de um modelo de avaliação que se destacou pela coerência e rigor da sua abordagem sistêmica da formação (integrada nos processos da empresa). Em quatro níveis de avaliação, é possível medir a qualidade e a efetividade de um programa de formação. De maneira simples, estes são os quatro níveis de avaliação:

» *Nível 1* — Reação: como as pessoas se sentem quanto ao treinamento. É a tradicional *avaliação de reação*. Muitos facilitadores celebram ser bem-avaliados nessa etapa, acreditando ser a linha de chegada. Mas não é. Às vezes, despertar o desconforto do aprendiz ao desafiá-lo a sair da *zona de conforto* e ir para a *zona de crescimento* pode ser bem mais eficiente em termos de mudança comportamental do que simplesmente ter gostado ou não do treinamento;

» *Nível 2* — Aprendizado: mede o aumento do conhecimento e/ou habilidades desenvolvidas. Por isso, é fundamental avaliar antes e depois do treinamento o que as pessoas aprenderam com a experiência de aprendizagem;

» *Nível 3* — Comportamento: é o grau de aprendizagem de volta ao dia a dia no trabalho, e que representa mudança de comportamento. É um dos elos mais frágeis e desafiadores da experiência de aprendizagem. Segundo o pensamento de Lao Tsé,[4] "saber algo e não fazer, ainda não é saber". Neste livro, no texto intitulado *Aprendizagem corporativa e memória*, também menciono a importância do apoio dos gestores e do ambiente no dia a dia das organizações após um programa de aprendizagem. Nessa hora, o apoio dos líderes e o ambiente terão suma importância para a transferência do aprendizado;

» *Nível 4* — Resultados: mede o efeito prático do treinamento no negócio devido aos novos conhecimentos e/ou habilidades desenvolvidas pelas pessoas. Resultados de aprendizagem e resultados de negócios são diferentes. Todo treinamento tem um objetivo que se refletirá no negócio, seja por melhor clima, maior comprometimento, maior satisfação do cliente ou o aumento de vendas. Seja o qual for o objetivo, ele deverá ser medido.

Para cada um desses níveis, foram definidas métricas, instrumentos e indicadores adequados que permitem uma medição e avaliação adequada dos resultados recolhidos. Resumindo, é possível dizer que o Modelo de Avaliação de Kirkpatrick é uma metodologia simples e essencial para mensurar os resultados da aprendizagem aplicada ao ambiente corporativo. Vale ressaltar que todos esses níveis são recomendados para uma avaliação completa do aprendizado. Então, cuidado ao pensar que a avaliação de reação é tudo. Lembre-se: aprendizagem e mudança comportamental andam de mãos dadas. Inúmeras citações refletem essa máxima. Bob Pike[5] diz que "o aprendizado só ocorre quando há mudança de comportamento". E para lembrar o filósofo grego Platão,[6] "aprender é mudar posturas".

PARTE 3

COMUNICAÇÃO E PERFORMANCE

TEATRO, CÉREBRO E PERFORMANCE

"NÃO PENSO EM TRABALHO COMO TRABALHO E EM DIVERSÃO COMO DIVERSÃO. ISSO É TUDO PARTE DA VIDA."

SIR RICHARD BRANSON[1]

As dramatizações e simulações (*Role play*) estão entre os principais métodos de instrução para o fornecimento de prática com feedback. A expressão "teatro" vem do grego *theatron*, e significa "lugar aonde se vai para ver".

No teatro, existem duas abordagens principais de atuação: a americana, "de dentro para fora", e a europeia, "de fora para dentro". Ao refletir sobre autoaperfeiçoamento, existem muitos caminhos equivalentes à abordagem americana. Nesse cenário, boa parte das vezes as pessoas são estimuladas a buscar dentro de si as respostas para a maneira como devem encarar a vida, identificando suas crenças para compreender melhor o seu comportamento. Genuinamente, é a partir dos valores, crenças ou princípios de cada um que o comportamento é modelado. O que estiver no centro da vida será a fonte de orientação, sabedoria e poder. É o que muitas pessoas conhecem como Ética do Caráter. Mas não basta *ser*, é preciso demonstrar *ser*.

Na abordagem europeia, se você se comporta como se você estivesse, por exemplo, feliz ou motivado, você pode convencer o outro mais facilmente de que esse é o seu estado emocional real. E é provável que você comece a se sentir verdadeiramente assim. Essa é uma abordagem plenamente associada à Ética da Personalidade. O amadurecimento do ser humano e o aprimoramento de técnicas de comunicação, de persuasão e influência podem contribuir muito para sucesso nessa esfera. Mas é fundamental haver coerência entre o seu comportamento, suas crenças e palavras.

Historicamente, o teatro sempre foi fundamental para a humanidade. Escolas de alto nível costumam inclui-lo na formação essencial de seus estudantes. Observo que profissionais de áreas diversas — como, por exemplo, finanças, odontologia, engenharia, arquitetura, design e tantas outras — que tenham estudado teatro em algum momento de suas vidas, geralmente são pessoas com alguma predisposição à criatividade e a cultivar relações mais humanizadas. O teatro a serviço da aprendizagem contribui imensamente para desenvolver a comunicação empática, a comunicação proxêmica (o estudo das relações de proximidade e distância entre as pessoas e o uso melhor do espaço), o autoconhecimento, a autoexpressão, a oratória etc. Além de poder contribuir para as pessoas aprofundarem a compreensão da complexidade da alma humana e das transformações da época em que vivem, da sociedade no seu tempo, mais conhecido como *Zeitgeist*.[2]

A humanidade sempre representou diversos papéis; trata-se de um instinto humano que é inerente a todo indivíduo. A criança brinca de "faz de conta", até chora para se comunicar, e pode fazer charme para evitar críticas ou sorrir quando necessário.

Tive a honra de aprender teatro com um dos mestres mais importantes do mundo no século XX, Antunes Filho.[3] Essa experiência impactou positiva e decisivamente a minha relação com o espaço cênico e com os ambientes onde aplico treinamentos e workshops. Ao aplicar programas de formação de facilitadores, mentoria de comunicação e alguns processos de coaching, tenho imenso prazer em compartilhar todas as técnicas que foram sistematizadas ao longo de anos de pesquisa por Antunes Filho.

Os treinamentos têm um caráter teatral. Compreender isso faz grande diferença. É claro que o eixo da aprendizagem deverá estar com os participantes, com o grupo, não com o facilitador. Mas o profissional da aprendizagem pode criar a magia e encantar as pessoas. O uso apropriado da voz, o preenchimento do espaço cênico, o domínio da linguagem não verbal, a escolha da roupa certa, o domínio do conteúdo: tudo conta! Lembre-se, o exemplo é considerado um dos principais métodos de influência humana.

Um profissional da aprendizagem de alta performance geralmente desenvolve uma relação de sacralidade com o seu ofício, assim como grandes atores desenvolvem com o teatro. Cada treinamento deve ser único e irrepetível, assim como a apresentação de cada espetáculo teatral, mesmo que uma temporada seja longa. Ou seja, a peça teatral ou o treinamento nunca serão os mesmos. Para algumas pessoas isso é algo bastante desafiador. É preciso manter a chama acessa como se fosse a primeira vez, o que significa que a cada público diferente é um novo treinamento, mesmo sendo teoricamente o mesmo. Nunca é, mas vai depender da condução do conteúdo. É fundamental haver o frescor, a atualização permanente. Segundo a teoria filosófica de Heráclito,[4] "nenhum homem atravessa o mesmo rio duas vezes, por que nem o rio é o mesmo e nem o homem".

Os treinamentos são muito especiais para mim: vivo deles e para eles; portanto, preparo-me continuamente, reservo-me e resguardo-me para eles. Canalizo a energia física, mental e emocional para viver cada *entrega* como se fosse a última e a primeira, assim como um artista que ama e respeita o seu público e o seu palco. Nessa jornada, salto com alegria e determinação para conectar e influenciar o meu público. As músicas que utilizo nos treinamentos sempre são motivo de feedback positivo durante e após as aplicações. Trabalho o conceito de dramaturgia todo o tempo. Trouxe esse conhecimento do teatro. Cada *playlist* é cuidadosamente pensada por tema de treinamento, tema de atividades, região do país, maior quantidade de gênero presente, faixa etária predominante e até mesmo o grau de hierarquia na empresa — mas, ainda assim, sempre calibro a proposta com as pessoas presentes em tempo real. Músicas têm o poder de alterar o estado emocional das pessoas. Uso essa ferramenta para potencializar a experiência de aprendizagem.

Na arte e na aprendizagem, o principal elemento é o ser humano. Não acredito que alguém possa crescer profissionalmente sem ter crescido como ser humano. O sucesso pode ocorrer em vários ângulos. É uma ilusão acreditar que sucesso se limita ao retorno financeiro, status ou poder. Como disse sabiamente meu conterrâneo Dorival Caymmi:[5] "Pobre de quem acredita na glória e no dinheiro para ser feliz." Profissionais de aprendizagem precisam essencialmente ser pessoas generosas, caso contrário, o treinamento terá sido apenas "mais um". Mas para isso o facilitador precisa ser uma pessoa generosa na vida.

O homem é um ser movido pelo sonho. Assim como em uma peça teatral, cada aplicação de um programa de desenvolvimento humano é única e irrepetível. Isso ocorre porque a configuração de público muda, assim como sua visão de mundo se transforma continuamente. Nesse sentido, a interação do facilitador com o público e suas vivências diversas

104   Conhecimento Líquido

fundamentam essa teoria. O facilitador precisa ter autoconsciência e senso de propósito ao ajudar a criar um ambiente favorável para a construção do conhecimento a partir da troca de experiência do grupo. Pode parecer óbvio, mas para isso é preciso ter brilho nos olhos e afeto na voz. Para você estar no "palco", é preciso dominar alguns elementos-chave: conhecer com profundidade o tema (assunto); conhecer bem o público; ter domínio de técnicas de corpo e voz, persuasão e influência. A palavra "retórica" significa simplesmente "a arte de falar com eficácia". Para falar bem em público, é fundamental falar de coração aberto, com o máximo de franqueza e convicção. Seu comportamento é tudo em comunicação. Você é o que o seu interlocutor entende e decodifica a partir do comportamento que você demonstra. Nesse sentido, quando você está em sintonia com o outro, essa compreensão pode acabar tornando-se algo de mão dupla. Existe um espelhamento mental, algo conhecido pela neurociência como *neurônio-espelho*.[6] É um conceito muito simples. Trata-se do estudo dos processos cerebrais que ocorrem quando se interage com o meio, consciente ou inconscientemente. Cientistas da Universidade de Parma, na Itália, descobriram que determinados neurônios são ativados quando certos movimentos físicos são executados — por exemplo, erguer um braço. O mais surpreendente é que os mesmos neurônios também são ativados ao simplesmente observar alguém realizar esse mesmo movimento, e não apenas ao fazê-lo. As emoções também têm o poder de ativar os neurônios-espelho. Ou seja, o estudo dos neurônios-espelho indica que o cérebro está constantemente reagindo ao ambiente e mudando de acordo com os estímulos que recebe do meio ou das pessoas que estão à sua volta. O diretor de teatro russo Constantin Stanislavski[7] dizia que uma atuação superficial não aquece a alma nem penetra nela de modo profundo.

Como sempre digo, empatia gera empatia. O estado de consciência empática de cada um pode ajudar a propiciar algo muito maior pelo uso da comunicação empática. A capacidade de construir uma conexão verdadeira ajuda a deixar ambas as partes abertas a compreender e a se interessar de maneira recíproca uma pela outra. Se você se comporta como se a outra pessoa fosse importante, ela passa a ser, e vice-versa.

O que mais diferencia o ser humano das demais espécies é a capacidade de autorreflexão, de pensar. Liberte o alto potencial de seu cérebro. Como é de conhecimento de muitos, o cérebro é dividido em dois hemisférios — o esquerdo e o direito. Em linhas gerais, o hemisfério esquerdo é mais lógico e racional, lida com a intelectualidade, o pensamento analítico, verbal, sequencial, linear. O hemisfério direito é mais criativo; lida com a intuição, o pensamento simultâneo e holístico, tem poder de síntese. Contudo, eles operam de maneira integrada. Muitas pessoas, por não entenderem isso, se mantêm em sua *zona de conforto*. Vivem consciente ou inconscientemente a *Síndrome de Gabriela*: "eu nasci assim, eu sou assim, vou ser sempre assim." A boa notícia é que somos capazes de deselvolver novos padrões de pensamento para atender a necessidades específicas de maneira mais eficaz. Para isso é preciso deixar a *zona de conforto*, superar a *zona de medo*, entrar na *zona de aprendizado* e chegar à *zona de crescimento*. É preciso desenvolver novas habilidades.

Teatro, cérebro e performance

Afinal, como disse Abraham Maslow:[8] "Quem é bom com o martelo acha que tudo é prego." Portanto, a autoconsciência nos leva a compreender nossos próprios pensamentos. A seguir, compartilho 12 dicas simples para falar em público de maneira eficaz:

Respiração: exercícios de respiração ajudam a integrar o corpo e a mente. Para a atenção plena do ator ou do facilitador de aprendizagem, a respiração é a base de tudo. Em linhas gerais, podemos compreendê-la em dois momentos: a entrada de ar no organismo, que é a inspiração, e a liberação desse mesmo ar, que é a expiração. Ao nascer, a primeira coisa que se faz é inspirar o ar, e ao morrer a última coisa é expirar o ar. Respiração é vida. Ao se preparar para falar em público, é importante observar três aspectos da mecânica respiratória: o movimento do diafragma, o movimento das costas e a elasticidade dos pulmões. Vale ressaltar que a respiração é um elemento-chave para gerenciar melhor as emoções, pois a respiração está presente em todas as emoções humanas. Ao ter consciência de sua respiração, você poderá imprimir até maior credibilidade ao seu discurso. Antes de assumir o palco e começar a falar, respire fundo. O oxigênio acalma. Você pode fazer isso até na plateia, enquanto aguarda ser chamado para falar.

Pés: pode ser extremamente útil perceber e conscientizar-se dos seus pés, afinal, são eles que propiciam a base de sustentação de seu corpo. Vale a pena observar as diversas posturas dos pés ao tocar o solo para deslocar-se no espaço. Algumas pessoas podem tocar primeiro as pontas dos dedos, as laterais internas ou externas, ou o calcanhar. Para ajudar você a perceber melhor em qual região dos pés distribui mais o peso de seu corpo, uma dica simples é checar qual parte do solado de seus calçados apresenta maior desgaste. Quando o ser humano anda, o ideal é tocar primeiro o solo com os calcanhares, depois o metatarso (a parte mediana do pé) e por último os dedos. Essa biomecânica contribui até mesmo para gerenciar melhor o estado emocional da ansiedade, pois melhora a sua percepção e mantém o corpo no eixo de equilíbrio. E um detalhe curioso é que a pessoa pode controlar mais suas emoções e se tornar até mais elegante. Porém, ao correr, a distribuição do peso do corpo sobre os pés se altera.

Corpo: o ser humano é um ser tridimensional, ou seja, emite energia não apenas com a frente do corpo, mas também pelas laterais (lado esquerdo e lado direito do corpo) e pelas costas. O corpo é observado tridimensionalmente. Pode parecer óbvio, mas poucas pessoas têm consciência disso. Muitas pessoas ao palestrarem têm alta energia quando estão de frente para a plateia, mas, ao deslocar-se pelo espaço ou ao virar-se de costas para caminhar pelo espaço em alguns momentos, a sua energia diminui significativamente. Principalmente se esses momentos forem acompanhados de silêncio. Não estou me referindo às pausas, que são importantíssimas e podem contribuir para aumentar a atenção sobre algo importante.

A imagem corporal, na perspectiva do pesquisador Paul Schilder,[9] pode ser entendida como uma imagem do corpo humano ou da figura do corpo humano formada na mente. Ao falar em público, é essencial ter consciência de sua imagem corporal, pois ela influen-

106 Conhecimento Líquido

ciará sua performance. A roupa e os adereços influenciam diretamente a composição da imagem corporal criada na mente. Como disse há pouco, o ser humano irradia energia em todas as direções, considerando as costas, pernas, nuca e laterais. Tudo conta. Portanto, é necessário manter a atenção ao caminhar; ao construir uma imagem mental positiva de sua pessoa; ter consciência da qualidade e sustentação da energia física e controle do seu ritmo. O público, mesmo sendo leigo, tudo observa.

Gestual: será que os gestos são mesmo importantes? A resposta é *sim*. Gestos precisos levam os ouvintes a confiar mais no palestrante ou no ator, mas cuidado com excessos. O fato de ser importante ter alta energia corporal e vitalidade nos gestos não significa precisar exagerar. Conheço palestrantes que lembram mais a cantora Elis Regina,[10] cantando a música *Arrastão*, que mesmo sendo uma performance maravilhosa, não se aplica ao contexto de uma palestra (caso você não conheça vale a pena checar no YouTube).[11] O gestual em excesso pode direcionar o foco do público apenas para o seu corpo, não para o conteúdo. É usual pessoas que se perdem em seu pensamento racional gesticularem desordenadamente com os braços e as mãos. O uso dos gestos, quando bem-feito, pode contribuir muito para a sua credibilidade e para manter a atenção de seu público. Mas você não precisa pensar em quais gestos vai usar na sua apresentação. Confie, o seu discurso vai orientar os seus gestos. As palavras de ordem são precisão e economia. Menos é mais. Pesquisar gestos esteticamente bem construídos observando outras pessoas (como alguns artistas) pode ajudar muito.

Mãos: não tenha medo de usar as mãos. Muitas pessoas não sabem o que fazer com as mãos em uma apresentação. Uma dica simples e muito eficaz é segurar um objeto de apoio, como uma caneta esferográfica ou o próprio passador de *slides*. Essa técnica contribui para a autoconfiança. É comum apresentadores de TV a utilizarem. Mas, como o objetivo é ajudar, caso a caneta não contribua, guarde-a imediatamente. Durante uma apresentação, evite colocar as mãos nos bolsos ou escondê-las atrás das costas por períodos demorados. Comportamentos como esses podem dar ao seu público a sensação de você não ter domínio do assunto.

Olhar: segundo o neurocientista japonês Ken Mogi,[12] quando o ser humano dá mais atenção ao outro, estabelecendo contato visual, ativa os sistemas de recompensa do cérebro e leva consequentemente a um melhor funcionamento da regulação hormonal, que resulta em um sistema imunológico melhorado. Ou seja, olhar nos olhos contribui para melhor qualidade de vida. Interessante, não?

É fundamental que você estabeleça um contato visual amistoso com seu público, porque ele promove confiança e, sobretudo, é uma atitude de respeito. Mas, por timidez ou baixa autoestima, para alguns não é confortável estabelecer contato visual; esse pode ser o caso de certas pessoas presentes nos treinamentos. Considerando a *Abordagem Centrada na Pessoa*, respeite o limite cada um.

Teatro, cérebro e performance

Uma técnica simples que vale para vida pessoal ou profissional: quando o interlocutor estiver falando, mantenha os olhos 100% do tempo na pessoa. Mas, quando você estiver com a palavra, é recomendável que o seu contato visual com o outro seja de no máximo 75% a 85% do tempo, pois manter o contato visual durante o tempo que você estiver falando faz com que o outro possa se sentir pressionado, ou encostado na parede. No cinema, por exemplo, personagens agressivos nunca desviam os olhos do interlocutor enquanto falam.

Outra dica é distribuir o seu olhar com equidade com todas as pessoas presentes. Evite olhar por longos períodos apenas para uma pessoa ou parte da sala. Caso esteja palestrando para um auditório, deve-se dividi-lo mentalmente em quatro partes e alternar as direções de seu olhar. Entretanto, caso a sua palestra seja em uma arena, o melhor é dividi-la mentalmente em quatro quadrantes e se direcionar para os eixos de cada um deles; dessa maneira, basta uma leve rotação de cabeça para esquerda ou para a direita para contemplar o maior número de pessoas. Desenhar a imagem no papel pode ser muito útil. Dica: evite olhar acima da cabeça dos ouvintes, pois isso poderá dar a impressão de que você deslocou sua atenção.

Voz: as palavras têm grande poder. Em minha vivência de aprendizagem, em hipótese alguma usei ou uso palavrões. Sou orientado por valores, e naquele contexto o meu papel é de alguém que está representando a empresa e facilitando a aprendizagem, portanto, faz sentido ser criterioso na escolha das palavras. Quanto mais você ampliar o seu vocabulário, mais se conectará com a sua audiência. Nesse contexto, simplicidade e bom senso são as palavras de ordem. Segundo a fonoaudióloga Eudósia Acuña Quinteiro,[13] para profissionais como o ator, a palavra é o início da criação. Nesse sentido, o que você fala e a forma como você fala são componentes cruciais para a sua habilidade de encantar e persuadir ao falar em público. É fundamental desenvolver e ampliar a consciência do uso da voz. Geralmente, boa parte das pessoas utiliza apenas duas formas de emissão vocal: a projeção ou a ressonância. Funciona da seguinte forma: a projeção vocal é quando o indivíduo utiliza uma quantidade excessiva de ar para emitir suas palavras; dessa maneira, o uso mal gerenciado do ar pode aumentar o nível de ansiedade da pessoa ao falar em público. Ao contrário, a ressonância vocal é uma técnica que ajuda a pessoa a controlar a emissão de ar com maior consciência ao pronunciar as palavras. As vantagens são inúmeras. Para você começar a perceber como usa o ar para falar, vai aqui uma dica bem simples: coloque uma vela acesa a uma pequena distância de sua boca (aproximadamente 8cm) e leia um texto como se estivesse falando para o seu público. Ao observar a vibração da chama, você poderá ter uma ideia se usa uma quantidade excessiva de ar ou não. Para sua voz ter boa ressonância é fundamental compreender que o corpo humano possui grandes caixas de amplificação que são naturais, como o crânio e a bacia. O que faz o som reverberar com qualidade não é "força", e nem excesso de ar, mas direcioná-lo para as áreas certas de nosso corpo. Assim, considerando outros mecanismos como a boa dicção das palavras — que requer treino e disciplina — é possível alcançar excelente qualidade de emissão vocal. Dica: beba água durante toda a sua apresentação — não precisa, e nem deve ser em grandes quantidades, mas com boa regularidade. Os benefícios são diversos: ajuda a hidratar a garganta e as cordas vocais, diminui a ansiedade e otimiza o fluxo de neurotransmissores no seu cérebro, pois os impulsos são elétricos e químicos. Portanto, ao beber água, você pensa melhor. Vale ressaltar que todas essas técnicas só trarão resultados se forem praticadas regularmente. Em minha experiência com Antunes Filho, pesquisei e pratiquei essas técnicas por aproximadamente quatro anos, tendo como fundamento o *Método do Ator*, por ele desenvolvido como *Nova Teatralidade*.[14]

Expressões faciais: De acordo com a pesquisa do Dr. Albert Mehrabian,[15] 93% da comunicação humana não está nas palavras. Pioneiro da pesquisa de linguagem corporal, ele apurou que em toda comunicação interpessoal cerca de 7% da mensagem é verbal, 38% é vocal e 55% é não verbal. Outro aspecto a ser considerado é a fisiologia do rosto. Todas as pessoas expressam algo apenas pelos traços de seu rosto, sua fisionomia. Uma prova disso é o fato de você, possivelmente, já ter trocado de fila — por exemplo, no supermercado ou no raio-X da inspeção do aeroporto — simplesmente pela "cara" da pessoa. Portanto, vale a pena ter consciência não apenas de suas expressões faciais como também de sua fisionomia natural. Assim, você estará no comando para suavizá-la ou intensificá-la de acordo com os seus objetivos de comunicação. Dica: usar o seu *smartphone* para se filmar ou se fotografar e observar a imagem sem excesso de autocríticas. A atriz Marília Pêra[16] dizia que quando acordava mal-humorada corria para o espelho para ver o que acontecia com os seus músculos faciais, assim, conseguia dominar o impacto da sua comunicação não verbal.

Interação com o grupo: o cérebro é um órgão social. O ser humano aprende mais ao interagir com o meio. Aprender é um processo social. Considerar e valorizar a experiência prévia das pessoas tem fundamental importância no processo de aprendizagem de adultos. Portanto, em experiências de aprendizagem deve-se interagir ao máximo com o grupo e valorizar as experiências das pessoas relacionando-as com os objetivos do aprendizado. Com essa dinâmica, todos ganham, inclusive você.

Prender e sustentar a atenção: para fazer isso é fundamental conscientizar o público sobre a importância e a aplicabilidade do tema em sua vida pessoal e/ou profissional; só assim poderá conquistar a atenção das pessoas de maneira efetiva. Ao iniciar um treinamento ou workshop, a primeira coisa que você deve fazer é conscientizar o grupo da importância do que será aprendido naquele encontro. Isso é decisivo para prender a atenção do grupo. Porém, as suas energias física (tônus), pessoal e emocional contribuem bastante para manter a atenção de seu público ao longo da jornada de aprendizagem.

Apresentação pessoal: uma das primeiras coisas que aprendi com o teatro é que figurino é dramaturgia. O cuidado com a apresentação pessoal contribui muito para a sua autoconfiança. Como sempre digo, o "por fora" somado à atitude correta influencia o "por dentro". Ou seja, o cuidado com a apresentação pessoal e a escolha de sua roupa será determinante para potencializar sua energia pessoal, autoconfiança e autoestima, elementos fundamentais no palco e na vida. Prefira roupas confortáveis, mas sobretudo que façam você se sentir especial naquele dia. Dica: é importante que a sua roupa esteja bem passada. Facilitadores ou palestrantes que descuidam desse detalhe básico correm o risco de passar a impressão para o público de não terem se preparado adequadamente para aquele momento. Pode até parecer um pouco de exagero, mas em todas as viagens que faço não abro mão de levar na bagagem (por segurança) um ferro de passar roupa, para caso o hotel não disponibilize.

Presença de palco: desenvolver a consciência espacial é questão de sobrevivência. Utilize todos os espaços disponíveis para se deslocar, evitando parar por um período demorado em posições desfavoráveis para o público. Traçar linhas imaginárias no sentido vertical, horizontal e diagonal do espaço cênico pode ajudar muito a preencher o espaço com o seu corpo.

Importante: seja você. Vale lembrar os ensinamentos de Carl Rogers,[17] quando ele diz que o que é mais pessoal é mais universal. Ou seja, quanto mais autêntica uma pessoa se torna, mais genuína será a sua expressão, e consequentemente maior será a sua conexão com os outros. Nesse contexto, é possível criar entre você e o seu interlocutor a verdadeira empatia criativa, produzindo novas descobertas e ensinamentos no processo de aprendizagem.

Apesar de todas essas dicas, lembre-se sempre que em todas as apresentações memoráveis têm pessoas generosas e dispostas a dar conselhos, fazer recomendações e contribuir com diferentes habilidades.

Agora uma última dica: geralmente, antes de falar em público, boa parte das pessoas não têm vontade de comer nada, mas evite deixar o seu estômago vazio, pois isso poderá aumentar sua ansiedade devido ao aumento natural da produção de cortisol (hormônio responsável pelo estresse) que o cérebro produz quando o ser humano sente fome. Portanto, coma um pouco. Um lanche leve antes de sua apresentação poderá ajudar muito. Isso não vai "zerar" a sua ansiedade, até mesmo porque você precisa dela para potencializar sua energia, mas poderá contribuir para se aproximar da dosagem ideal para uma boa apresentação.

Agora o show é com você. Ação!

DEZ MANEIRAS PARA SE COMUNICAR MELHOR

"OUÇA CEM VEZES, REFLITA MIL VEZES — FALE APENAS UMA VEZ."

PROVÉRBIO TURCO

A comunicação é uma das habilidades mais importantes na vida pessoal e profissional. Uma breve reflexão sobre ética: o seu caráter comunica muito mais do que suas palavras ou qualquer técnica de escuta ativa. Não é por acaso que o exemplo tem tanta força em termos de influência. Os seus valores e a sua conduta comunicam muito mais do que o seu discurso. Para aprender a se comunicar melhor, primeiramente é preciso refletir sobre quem você é verdadeiramente e quais são os seus valores e princípios inegociáveis. Só assim a sua comunicação poderá ser clara, ética e verdadeira, pois pode ser superficial simplesmente usar algumas técnicas de comunicação na tentativa de gerar conexão com outras pessoas se essa comunicação não estiver sobre os pilares de seus valores pessoais.

Muitas vezes a comunicação humana ocorre apenas na esfera superficial das relações sociais, e algumas vezes torna-se objeto de manipulação. Conhecer apenas técnicas de comunicação talvez elimine apenas problemas superficiais. O autoconhecimento é algo essencial para o ser humano se comunicar com qualidade. Afinal, segundo o pensamento de Sócrates,[1] "conhece-te a si mesmo e conhecerás os deuses e o universo". Entendo que para muitas pessoas o ser humano é aquilo que ele comunica, e não o que ele pensa. Eu mesmo já usei esse discurso para falar sobre comunicação. Porém com um pouco mais de luz sobre o assunto é possível perceber que essa é apenas uma abordagem sobre a ética da personalidade, não sobre a ética do caráter. Essa lógica funciona tanto para o bem quanto para o mal. Algumas pessoas podem ter valores éticos e não saber comunicá-los, e isso é algo constrangedor. E outras pessoas podem não ter ética de bom caráter, mas saber simular por meio de técnicas de comunicação com o objetivo de manipular as pessoas; isso é algo lamentável.

Vale lembrar que comportamentos como esse não se sustentam por longos períodos. Afinal, é a própria maneira de ser da pessoa que mostrará quem ela realmente é ao longo do tempo. Portanto, para se comunicar com eficácia, primeiramente é preciso refletir sobre os seus valores pessoais. Esse é um princípio básico quando falo em comunicação nas empresas e na vida.

É fato que desde a pré-história o homem se comunica. O homem primitivo, ao desenhar nas paredes das cavernas ou ao soltar grunhidos, emitia mensagens para seus companheiros de tribo. Essa comunicação foi fundamental para alertar sobre o perigo de predadores beneficiando a evolução de nossa espécie. O ser humano avançou no tempo e hoje a importância da comunicação continua sendo vital para a sobrevivência humana. No começo da era das novas tecnologias, um dos principais impactos foi a popularização da internet com o uso das mídias sociais. E tanto no ambiente online quanto no ambiente offline a máxima do antigo comunicador Abelardo Barbosa, o Chacrinha,[2] continua valendo: "Quem não se comunica, se trumbica." Isso vale tanto para as relações familiares e sociais quanto para o mundo corporativo. Nas relações profissionais, ter consciência da importância da comunicação poderá contribuir muito para o seu progresso pessoal e para sua carreira de modo geral. Afinal, as empresas que têm maior produtividade são as que

Dez maneiras para se comunicar melhor 113

se comunicam melhor. Assim como os profissionais mais bem-remunerados do mercado são os que se comunicam melhor.

Compartilho aqui dez dicas simples para melhorar a sua comunicação; mas, se você já as conhecer, o meu convite será para refletir sobre elas. Segundo Heráclito de Éfeso,[3] "nenhum homem pode atravessar o mesmo rio duas vezes, porque nem a água, nem o homem serão os mesmos".

1 — TENHA CONSCIÊNCIA: É IMPOSSÍVEL VOCÊ NÃO SE COMUNICAR

A comunicação é inevitável, porque mesmo quando você não quiser se comunicar você já vai comunicar isso consciente ou inconscientemente. O ser humano está o tempo todo emitindo mensagens para os outros. A comunicação é irreversível porque não é possível voltar atrás naquilo que já foi comunicado. A comunicação é irrepetível porque tudo e todos estão continuamente se transformando.

2 — A COMUNICAÇÃO COMEÇA POR VOCÊ

Para uma comunicação eficaz, a primeira questão é conhecer seu público para que você possa usar a linguagem dele. Isso pode parecer óbvio, mas muitas vezes esse detalhe é esquecido. Considere sempre três pilares: o que você quer comunicar; para quem você quer comunicar; e como você vai comunicar. Essa é uma chave universal para boa comunicação interpessoal. Nesse sentido, é fundamental planejar a sua comunicação.

A comunicação é entendida e processada pelo outro, mas começa por você. É crucial você se perguntar sempre: será que consegui transmitir minha mensagem com clareza e objetividade? Uma técnica extremamente eficaz é a *paráfrase*. Basta apenas repetir uma mesma afirmação usando outras palavras. Ou seja, você pode repetir com as suas palavras o que ouviu do outro. Segundo o autor William Ury, "a técnica de parafrasear remonta à Idade Média, quando, na Universidade de Paris, a regra nos debates teológicos era de o ouvinte repetir o que o outro dizia até que este se convencesse que suas palavras tinham sido entendidas. Só então quem ouvia podia expressar a própria opinião."[13] Vale lembrar que, primordialmente, você precisará ter clareza sobre o que deseja comunicar. Se você não souber isso, nada mais adiantará. Somente depois de responder à pergunta "o que comunicar?", você poderá partir para a próxima etapa e responder "como vou comunicar?".

3 — ESCUTA ATIVA

Quando estiver ouvindo alguém falar, observe sua linguagem não verbal, mantenha contato visual amistoso (olho no olho) todo o tempo e evite interromper o discurso do outro. Esses são alguns comportamentos básicos para se praticar a escuta ativa. Não é por acaso que o ser humano tem dois olhos, dois ouvidos e uma boca. Deixe que a outra pessoa se expresse sem interrompê-la, ouça atentamente e tente interpretar em sua mente o que ela está tentando dizer.

Olhar nos olhos transmite confiança a quem está falando e é uma atitude respeitosa. A outra pessoa percebe que você está prestando atenção nela e encoraja-se a continuar falando. É muito comum quando alguns pais chamam a atenção de seus filhos, pedindo para que as crianças olhem para eles enquanto estiverem falando. No mundo corporativo, se alguém vier falar com você e você responder sem olhar para a pessoa, esse comportamento representará um feedback de que o outro não tem importância ou valor para você. Isso faz sentido? Pode parecer familiar, não? Então estabeleça contato visual amistoso com o seu interlocutor enquanto ele estiver falando. O contato visual poderá ajudar inclusive a aumentar sua atenção e a diminuir possíveis distraidores, caso você possua dificuldade em manter a atenção em apenas uma informação e sinta curiosidade para saber o que se passa 360° a sua volta.

Incentivos vocais também beneficiam a escuta ativa. Por exemplo: "hum-hum", "ah!" ou outros sons parecidos. Assim como os incentivos verbais neutros, pois esses não emitem quaisquer julgamentos. Por exemplo, "compreendo" ou "é mesmo?". Essas técnicas ajudam a melhorar a qualidade de sua escuta ativa. E claro, não descuide de observar a linguagem não verbal de seu interlocutor, pois ela é fonte de feedback em tempo real sobre sua comunicação.

4 — AS EMOÇÕES NA COMUNICAÇÃO

As emoções geralmente não favorecem a comunicação assertiva, sejam emoções positivas ou negativas. Isso ocorre porque as emoções fazem com que as pessoas não escutem o outro, tornando-se fonte de ruído. É fundamental cultivar o pensamento racional para se comunicar melhor. Pessoas dominadas pelo pensamento emocional geralmente tendem a pagar um alto preço em seus relacionamentos (pessoais ou profissionais); afinal, palavra dita não volta. Emoções como euforia, ansiedade, alegria excessiva, raiva etc. interrompem o processo de escuta. Identificar com clareza suas emoções poderá evitar que elas prejudiquem a qualidade de sua comunicação. Quanto mais você ampliar o vocabulário de suas emoções, melhor poderá identificá-las. Muitas pessoas confundem fome com ansiedade, por exemplo.

Para ajudar a refletir sobre o rico vocabulário das emoções, compartilho aqui alguns exemplos: abatimento, aborrecimento, afetividade, aflição, afronta, agitação, agradecimento, agressividade, alegria, alívio, altruísmo, alvoroço, amargura, ameaça, amor, angústia, apatia, ansiedade, apreensão, arrogância, calma, carinho, ciúme, cólera, confusão, desassossego, desespero, desprezo, dó, egoísmo, empatia, felicidade, fúria, gratidão, hostilidade, indiferença, inquietação, ira, mágoa, medo, melancolia, orgulho, paixão, pena, prazer, sofrimento, surpresa, tensão...

> **DICA:**
>
> Mantenha a prudência na sua comunicação. Evite atitudes impulsivas, agressivas ou defensivas. Reduzir o ritmo de uma discussão melhora o processo de compreensão.

5 — COMUNICAÇÃO NÃO VERBAL

Segundo o pai da administração moderna, Peter Drucker, "o mais importante na comunicação é ouvir o que não está sendo dito". Como consta neste livro, no texto *Teatro, cérebro e performance,* o pesquisador Albert Mehrabian,[6] da Universidade da Califórnia (UCLA), realizou um estudo seminal sobre comunicação e concluiu que em uma conversa presencial a linguagem corporal é responsável em um primeiro momento por 55% da mensagem, o tom de voz por 38%, e as palavras por apenas por 7%. Ou seja, em um primeiro momento 93% da comunicação humana não é o que você está dizendo, mas como está dizendo. Segundo esse estudo, a comunicação ao telefone corresponde ao percentual de 18% nas palavras (no conteúdo) e 82% no tom de voz (no como). Não é por acaso que quando você telefona para uma central de atendimento pode conseguir identificar de imediato se o profissional está tendo boa vontade de ajudar ou não. Assim como quando você telefona para alguém que conhece e pergunta se está tudo bem, dependendo do tom de voz da outra pessoa é possível que você identifique de imediato se está tudo bem ou não com aquela pessoa, mesmo que a resposta tenha sido positiva. Portanto, é preciso ter atenção à sua linguagem não verbal e a de seu interlocutor. Isso vale para a vida e o trabalho.

6 — TENHA COERÊNCIA ENTRE A MENSAGEM VERBAL E A NÃO VERBAL

Parafraseando o filósofo norte-americano Ralph Waldo Emerson,[7] quem você é fala tão alto que não consigo ouvir o que você diz. Pessoas que se comunicam bem sabem da importância em manter a coerência entre as palavras e os atos. Quando a sua linguagem verbal contradiz a sua linguagem não verbal, o outro passa a prestar mais atenção ao que vê e sente do que ao conteúdo que ele ouve. Com isso haverá uma distorção no processo de comunicação em relação ao objetivo da mensagem inicial e sua interpretação final. As pessoas se conectam de maneira complexa e sensorial.

7 — #CONECTIVIDADE #REDESSOCIAIS

Mais do que estruturas de relações, as redes sociais são práticas de interações que visam algum tipo de alteração concreta na vida do indivíduo, no coletivo ou nas organizações envolvidas. Segundo o filósofo e sociólogo Pierre Lévy,[8] do mais básico ao mais elaborado, três princípios orientam o crescimento do ciberespaço: a interconexão, a criação de comunidades virtuais e a inteligência coletiva. Com o avanço da conectividade móvel, sobretudo com os *smartphones*, as redes sociais ganharam popularidade e tornou-se bem mais fácil e rápido para empresas e pessoas se comunicarem. Mas, quanto ao falar em redes sociais, existem também as chamadas "bolhas". O que são? Pessoas que excluem de seus contatos quem têm opiniões divergentes das suas, e tendem a isolar-se em grupos fechados. Vale ressaltar que esse é um comportamento que não favorece a mente aberta, e como disse Nelson Rodrigues:[9] "Toda unanimidade é burra."

Geralmente as pessoas se relacionam em rede por compartilharem ideias, valores e até mesmo necessidades. O comportamento nas redes sociais digitais pode gerar demissões ou projeção profissional. Tudo é visto e considerado: curtidas, *posts*, compartilhamentos etc. Segundo o escritor e cineasta francês Guy Debord,[10] essa é a *sociedade do espetáculo*. Nesse contexto, vale lembrar o pensamento de que uma imagem vale mais do que mil palavras. Cultive a generosidade em rede, compartilhe ideias, conhecimento... construa confiança, parcerias. E mantenha ativo o seu *networking* de qualidade. Afinal, essa é uma era de *conhecimento líquido*.

8 — DICA DE OURO

Tanto na comunicação escrita quanto na verbal deve-se evitar misturar um assunto com outro. O essencial em uma boa comunicação é ter clareza do que se quer dizer e objetividade para não dispersar o outro. As palavras-chave em comunicação são: objetividade e clareza. Portanto, às vezes menos poderá significar mais. Claro que é fundamental dar as explicações necessárias. Mas exercite o poder de síntese: não diga em cinquenta palavras o que você pode dizer em dez, nem diga em cinco palavras o que precisa ser dito em trinta. Deve-se evitar também comunicar por meios digitais o que precisa ser falado presencialmente. Com essas dicas, certamente sua comunicação ficará ainda mais eficaz.

9 — COMUNICAÇÃO EMPRESARIAL — OS PRODUTOS INSTITUCIONAIS

No mundo corporativo, é fundamental compreender o que são os produtos institucionais e qual é a importância dessas ferramentas no campo da comunicação. Por exemplo, é muito comum se escutar em algumas empresas que o convite para o treinamento foi em cima da hora, claramente sem ter havido um planejamento de comunicação que envolvesse o funcionário e despertasse no mínimo a sua curiosidade. Preparar um convite motivador para

Dez maneiras para se comunicar melhor   117

uma experiência de aprendizagem poderá ter um efeito muito positivo para as pessoas envolvidas. Cada produto institucional tem características próprias. Alguns exemplos são: *Workplace* do Facebook (versão do Facebook para empresas), e-mail corporativo, jornal mural, quadro de avisos, *house organ*, *newsletters*/boletins, jornais empresariais, revistas institucionais (como as revistas de bordo nos aviões), produtos audiovisuais, rádio interna, TV interna, intranet e internet, blogs... A dica e o diferencial é ter uma visão integrada do uso dos produtos institucionais, respeitando suas características e linguagem.

10 — COMUNICAÇÃO NA NEGOCIAÇÃO

Uma forma simples de estruturar suas mensagens em um processo de negociação é por meio do modelo AIDA (Atenção, Interesse, Desejo e Ação). A primeira etapa é *Atenção*, que tem por objetivo atrair a atenção do seu interlocutor. A segunda é *Interesse*, ou seja, despertar o interesse da outra parte no acordo pretendido. A terceira parte é *Desejo*: provocar na outra parte o desejo de entrar em acordo. E a quarta etapa é *Ação*, estimular a ação de fechamento do impasse. É claro que essa técnica de comunicação poderá ser integrada a outras metodologias eficazes de negociação. Por exemplo, o método de Roger Fisher[11] e William Ury[12] de separar as pessoas dos problemas em um processo de negociação, podendo assim se concentrar nos interesses de ambas as partes, e não em posições conflitantes.

OS QUATRO OBJETIVOS BÁSICOS DE UMA APRESENTAÇÃO

"BRINCAR É CONDIÇÃO FUNDAMENTAL PARA SER SÉRIO."

Arquimedes[1]

Neste livro, no texto *Processos emocionais em educação corporativa*, faço uma referência sobre alguns objetivos de uma apresentação. Segundo o autor Robert Dilts,[2] os objetivos gerais de uma apresentação são quatro, organizados na seguinte sequência:

1. **Informar os outros**: fornecer informações e conhecimentos;
2. **Entreter os outros:** criar uma experiência positiva de aprendizagem para as pessoas;
3. **Ensinar aos outros:** relacionar o conhecimento a novos comportamentos desejáveis;
4. **Motivar os outros**: fornecer um contexto que dê significado e faça sentido para as pessoas.

Esses quatro pilares norteadores, somados às práticas andragógicas e conhecimentos científicos de neurociência aplicados à aprendizagem, resumem os princípios básicos que norteiam o meu trabalho em aprendizagem corporativa. Meu espírito é, e sempre será, de um eterno aprendiz. Não é por acaso que o título do livro é *Conhecimento Líquido*. Cultivo diariamente o hábito necessário de aprender coisas novas e compartilhar conhecimentos. Outro hábito construído é o de lembrar diariamente que ninguém sabe tudo — esse é um exercício diário de humildade. Acredito ser fundamental para o crescimento humano reconhecer a própria ignorância. Nesse sentido, vale lembrar o pensamento grego de Sócrates:[3] "Só sei que nada sei." Cada novo dia representa uma nova oportunidade de aprender novas coisas. Tenho aprendido que ao dialogar com a minha vulnerabilidade me torno mais humano, e consequentemente o meu grau de conexão com as pessoas se fortalece, algo fundamental para um facilitador de aprendizagem. E claro, esse é um processo contínuo e permanente de crescimento. Essa crença me torna mais bem-humorado, me dá leveza, força e paz de espírito. Brené Brown,[4] em uma palestra comovente e divertida no TEDxHouston, compartilhou uma percepção profunda de sua pesquisa, que a levou a uma busca pessoal para conhecer a si mesma e entender a humanidade. Na palestra *O poder da vulnerabilidade,*[5] Brené Brown diz que quando nos colocamos nessa posição de vulnerabilidade e expressamos tais necessidades, naturalmente criamos uma conexão humana com nossos interlocutores, já que eles também as possuem e são pessoas como nós. Parece familiar, não?

Como disse o compositor Cartola na canção *O sol nascerá*, "a sorrir eu pretendo levar a vida". É fundamental que a sua energia pessoal floresça ao compartilhar conhecimento e prover aprendizagem. É uma dádiva a oportunidade de aprender ensinando. É usual ouvir de pessoas em algumas empresas que ministro palestras ou treinamentos que a experiência teve um clima leve e alegre, mesmo ao abordar temas densos ou assuntos que possam trazer à tona maior carga emocional das pessoas. Ser um facilitador de aprendizagem está no meu IKIGAI, pilar essencial do meu protagonismo na vida; é o que me faz levantar cedo, com disposição, pôr uma música alegre e seguir em frente com a convicção de que estou no caminho certo, ajudando pessoas e organizações a progredirem e prosperarem. É questão de Missão e Propósito. Essa jornada começou há muitos anos, quando nem mesmo eu tinha percebido que essa seria a minha missão na vida. Os quatro pilares de Robert Dilts representam com precisão a atitude de um profissional da aprendizagem.

COM QUE ROUPA EU VOU? — INSIGHTS SOBRE A IMAGEM PROFISSIONAL NO MUNDO DOS NEGÓCIOS

"O PASSADO É UMA ROUPA QUE NÃO NOS SERVE MAIS."

BELCHIOR

Para começar a reflexão sobre as vestimentas, vale lembrar como o antropólogo, sociólogo e filósofo Edgar Morin[2] refere-se à condição humana. Para ele, o ser humano é uma unidade complexa. É um ser que ao mesmo tempo é físico, biológico, psíquico, cultural e histórico. Observo que esse conceito pode dialogar com a moda. O ser humano se expressa de diferentes maneiras. Mas as pessoas o julgam, ao menos inicialmente, pela aparência. A imagem tem um grande poder na *sociedade do espetáculo*, mas a imagem pode ser superficial. Parafraseando a canção *Divino maravilhoso*, de Caetano Veloso,[3] é "preciso estar atento e forte". Afinal, como disse Walt Disney,[4] "você não tem uma segunda chance de causar uma boa primeira impressão à primeira vista". Nesse sentido, sua aparência, suas roupas e os cuidados pessoais determinam a primeira impressão que você pode causar. A boa notícia é que esses aspectos são determinados única e exclusivamente por você!

Existem inúmeros artigos, livros especializados e blogs que abordam a importância de saber se vestir no mundo corporativo. Na minha trajetória profissional, tive uma experiência muito rica no setor de varejo; mais especificamente, com vestuário masculino. Tive a oportunidade de pesquisar e aprender de maneira empírica sobre o assunto. Trabalhei com vendas nesse setor, e essa se tornou uma questão de sobrevivência para minha vida profissional naquele período. Aprendi que moda é cultura. Ao me interessar sobre o assunto, em poucos meses consegui a proeza de me tornar o profissional de vendas número um da equipe. Mas o sucesso nem sempre conecta as pessoas. Tive que aprender a lidar com o desconforto de algumas pessoas na equipe que não investiam em si mesmas.

Desenvolver a habilidade de ter senso de moda me ajudou muito na vida. Desde então, perdi a conta das vezes que pude ajudar pessoas em momentos nos quais uma pequena mudança na aparência ajudou decisivamente em situações como uma entrevista de emprego, visitas a clientes ou a falar em público. A forma como você se apresenta pode ter enorme impacto positivo sobre os seus objetivos, e pode até mesmo reduzir o tempo que levará para atingi-los. Esse pode ser um detalhe, mas faz grande diferença. Quase sempre o melhor é a simplicidade.

Pode até ser óbvio para algumas pessoas, mas, caso você não esteja consciente disso, quando escolhe a roupa que vai vestir e como vai se arrumar, você afirma ao mundo quem você é e o que pensa de si (cria e declara sua autoimagem e autoconceito), e assim indica como as pessoas devem te ver e te tratar. Muitas vezes esse é um processo inconsciente do ser humano. Nesse sentido, cada pessoa, desde que passa a vestir-se por conta própria (após a infância), respeitando as suas escolhas, torna-se a única responsável pela mensagem que envia aos outros.

Vestir-se de acordo com a imagem profissional de quem você é, ou construir deliberadamente uma imagem profissional assertiva é fundamental. Se quer ter uma imagem profissional bem-sucedida, com aceitação e respeitabilidade dos outros, sua aparência precisa ser coerente com o tipo de pessoa que os outros possam admirar e com quem se identifiquem. Mas considere sempre o contexto. Lembre-se que buscar agradar aos outros nem sempre é uma boa escolha. A chave é: seja quem você pode ser.

Quando comecei a estudar teatro na Universidade Federal da Bahia nos anos de 1990 — no texto intitulado *Teatro, cérebro e performance* falo um pouco sobre esse aprendizado —, em uma aula de dramaturgia a mestre disse que "figurino é texto". Ou seja, as escolhas das roupas da personagem revelam muitas informações sobre a própria pessoa, até mesmo que ela esteja em silêncio. Percebo que o vestuário é um código social da vida. Algumas pessoas, estrategicamente, utilizam a roupa como ferramenta.

Atenção: muito cuidado ao julgar as pessoas pela aparência. Se você é um profissional de vendas, considere as diversas fontes de informação ao mapear seus clientes. Às vezes, um cliente com alto poder aquisitivo pode visitar sua loja usando roupas bastante simples, intencionalmente. Afinal, usar nessas situações roupas que aparentem ter alto poder aquisitivo pode desfavorecer uma possível negociação. Busque sempre compreender qual é o foco do cliente, e não apenas ter foco no cliente. Deslocar o foco do "do" para o "no" pode trazer impacto positivo no seu relacionamento com o cliente.

No mundo dos negócios, é incrível a quantidade de pessoas que deixam de progredir por ignorarem ou não prestarem a devida atenção à própria aparência. Provavelmente, ninguém disse a essas pessoas como sua maneira de se vestir e de se cuidar é importante para o seu crescimento profissional. É preciso coragem para ser quem você pode ser. Liberdade para dar o primeiro passo é fundamental! Como disse o compositor Noel Rosa[5] na canção *Com que roupa?*, "agora vou mudar minha conduta, eu vou para luta, pois eu quero me aprumar".

Olha que incrível: segundo o autor Brian Tracy,[6] profissionais de comunicação costumam dizer que as pessoas o julgam nos primeiros quatro segundos e chegam a uma opinião definitiva sobre você nos trinta segundos seguintes. Acredito ser importante pensar que tipo de impressão você gostaria de deixar e que mudanças você poderia fazer para causar uma primeira impressão mais próxima dos seus objetivos e de quem você pode ser.

Em linhas gerais, é fundamental saber se vestir como uma pessoa bem-sucedida, mas observando a cultura da sua empresa ou do segmento em que atua. Nesse sentido, para te ajudar a fazer a melhor escolha, você pode observar as pessoas do alto escalão da empresa, aqueles profissionais que ocupam cargos acima do seu e espelhar-se usando o bom senso. Você não perderá sua essência ao estabelecer novos hábitos, apenas criará uma imagem profissional coerente com a cultura organizacional. É importante ficar atento, pois às vezes a melhor e mais eficaz opção poderá ser o vestir-se de maneira casual.

Uma dica simples é vestir-se como se ocupasse um cargo acima do que você tem no momento. Quando você passa a dar sinais de que pode exercer uma função superior à atual, as pessoas que determinam o seu futuro no trabalho oferecendo-lhe novos desafios começam a pensar em você num cargo de maior responsabilidade e mais bem-remunerado. Você pode passar a ter mais chances de promoção. Se você é uma pessoa com um

126 Conhecimento Líquido

futuro promissor, não faz sentido se vestir como se fosse uma pessoa que não percebe os códigos sociais do ambiente que atua.

Tudo conta. Atenção a cores e combinações específicas, pois no mundo dos negócios algumas podem funcionar melhor do que outras. As roupas e acessórios também podem contribuir para criar uma imagem de competência e poder. São detalhes que podem variar de acordo com o segmento e a empresa, mas fazem muita diferença no relacionamento, sempre.

Apesar de atualmente algumas pessoas defenderem veementemente o uso de roupas mais informais no mundo dos negócios, saiba que até o mais informal dos executivos tem um terno à disposição no armário para o caso de receber a visita de um cliente ou de um investidor. Como disse o *slogan* de um antigo comercial da marca Us Top: "O mundo trata melhor quem se veste bem." Afinal, o cérebro funciona de forma comparativa. E, ao decidir vestir-se bem, você dirá ao mundo que tem um objetivo bem definido.

Lembre-se: quando você tem um cuidado especial ao se vestir, parece mais competente. A diretoria de uma empresa gosta de sentir orgulho dos funcionários que apresenta aos clientes e a outros parceiros de negócios.

Criar o hábito de parecer (e ser) alguém que venceu na vida e no mundo do trabalho pode impulsionar resultados muito positivos para o seu aprimoramento pessoal e para o progresso na sua trajetória profissional. Vale lembrar que a sua aparência tem o poder de influenciar sua autoestima. Quando você dá um pouco mais de atenção à sua apresentação pessoal, aliada a atitude certa com a vida, tende a ter um desempenho melhor. Você pode melhorar até a sua produtividade.

De maneira prática, com o avanço das novas tecnologias, sobretudo alimentada pelas redes sociais digitais, o ser humano vive a era das imagens, das *selfies* e da hiperconectividade todo o tempo. Empresas como Instagram, Pinterest, YouTube, Facebook, Snapchat e WhatsApp são apenas alguns exemplos que comprovam essa nova realidade. As pessoas são muito influenciadas pelas imagens e aparências. Se o seu objetivo profissional é criar uma imagem competente e confiante, vale a pena em qualquer situação dar um pouco mais de foco ao que você quer comunicar com a sua aparência. É importante que todos o reconheçam de imediato, e a cada novo encontro, como um profissional de alta performance, seja qual for a sua área de atuação.

Às vezes, pode ser útil seguir as dicas de um bom livro sobre vestuário, estilos e cuidados com a aparência. Outra dica eficaz é revisitar o seu guarda-roupa atual com um novo olhar e doar aquelas peças que não combinam mais com a pessoa que você é e com a imagem profissional que você quer transmitir. Mas, principalmente, seja você. Afinal, como disse o autor Maurício Benvenutti, "ser diferente é o novo normal".

AUTOESTIMA E PRODUTIVIDADE

"NINGUÉM PODE CONVENCER NINGUÉM A MUDAR. OS PORTÕES DA MUDANÇA SÓ PODEM SER ABERTOS DE DENTRO PARA FORA."

STEPHEN COVEY[1]

Cultivar o autoconceito e uma autoimagem positiva é determinante para os resultados que você poderá alcançar na vida. Talvez seja óbvio, mas você já pensou o que pode acontecer se não cuidar da sua autoestima? Esse descuido poderá ter um efeito disruptivo em todas as áreas de sua vida, podendo impactar negativamente sua carreira, deformar seu mapa de mundo e até mesmo comprometer a qualidade de sua saúde física, mental, emocional, social e espiritual. No mundo corporativo, a sua evolução profissional e capacidade de aprendizagem poderão ficar completamente comprometidas, assim como o relacionamento com a sua equipe e a produtividade dela (se você tiver um cargo de gestão), podendo impactar também os resultados de negócio esperados de você pela organização. O seu diálogo interno impacta diretamente o seu comportamento. Como disse Henry Ford:[2] "Se você pensa que pode, ou pensa que não pode, de qualquer forma você terá razão."

Cultivar a autoestima torna os relacionamentos mais respeitosos, produtivos e agradáveis. E no mundo empresarial não existe equipe de alta performance sem que tenha uma liderança de alta performance. O senso de trabalho em equipe continua sendo uma força, uma vantagem competitiva poderosa para qualquer organização. A aprendizagem é algo que contribui para cultivar a autoestima das pessoas. Além de ampliar e diversificar o conhecimento, a aprendizagem poderá ajudar a construir uma imagem profissional atualizada e aproximar as pessoas de seus objetivos pessoais e/ou profissionais. Mas, para isso, é fundamental ter flexibilidade cognitiva, abertura e compromisso com o seu desenvolvimento intelectual contínuo. Ou seja, é crucial que se desenvolva a autoconsciência de que é possível aprender sempre. Esse poderá ser um ótimo caminho para superar os desafios da vida e modificar comportamentos de autoestima baixa.

Autoestima é importante, mas cuidado para não exagerar na dose e se transformar em egocentrismo. Pois, como tudo em excesso, poderá não ser bom para a sua imagem pessoal e profissional, podendo até criar ruídos em sua comunicação interpessoal. Como disse o médico e alquimista suíço alemão Paracelso,[3] "o que diferencia o remédio do veneno é a dose".

É inerente para as pessoas, e fundamental para a vida pessoal e profissional, acreditar em seu próprio potencial, agir em prol de seu bem-estar, da felicidade, da satisfação pessoal e sentir-se bem com a vida. Uma autoestima saudável faz de você um ser humano mais saudável, uma pessoa mais produtiva na vida, mais generosa, sem medo de compartilhar ideias e conhecimentos, sem medo de ser quem você pode ser. Vale reler e refletir a respeito. Algumas formas de aprimorar a autoestima são: praticar a flexibilidade cognitiva (aprender coisas novas), ser protagonista das suas escolhas e cultivar emoções positivas em seu íntimo. Afinal, segundo o pensamento de Mahatma Gandhi,[4] o primeiro grande desafio é liderar a si mesmo.

DIVERSIDADE E INCLUSÃO

"PARA SER INSUBSTITUÍVEL, VOCÊ PRECISA SER DIFERENTE."

Coco Chanel[1]

A inteligência interpessoal tem a ver com a habilidade no trato com as pessoas. O conceito de diversidade vem do latim e significa variedade, pluralidade, diferença. O cenário atual é cada vez mais inclusivo e diverso. Diversidade e inclusão é mais do que atingir cotas. A diversidade sociocultural, própria da condição humana, deve ser respeitada visando promover o progresso, a aprendizagem e o desenvolvimento humano. Vale lembrar que o incentivo à diversidade é antes de tudo uma questão *ética* e de *respeito humano*. Ao se estimular a diversidade no ambiente de trabalho, as pessoas sentem maior segurança e confiança para propor novas ideias. O estímulo à diversidade no mundo corporativo pode ser uma questão de agenda estratégica que gera mais resultados para o negócio. A união faz a força. Sim, diversidade gera lucro. Mas atenção: a questão da diversidade vai muito além da Lei de Cotas. Por exemplo, de nada adianta que uma organização contrate pessoas com alguma deficiência física (PCDs) e as mantenha excluídas de oportunidades de crescimento de carreira.

Segundo o autor Patrick Lencioni,[2] os integrantes de uma equipe que não compartilhem suas opiniões durante um debate aberto raramente se comprometem com as decisões. Para isso, a técnica de *brainstorming* pode ser bastante eficaz. O respeito à diversidade de opiniões torna o ambiente mais inclusivo e gera mais oportunidades de negócios para as organizações, além de melhorar a reputação das empresas. Assim, a organização poderá tornar-se mais respeitada, valorizada e competitiva perante o mercado.

Escuta ativa e empatia são fundamentais no olhar sobre o outro. Ao melhorar a qualidade do diálogo, é possível até mesmo reter talentos. É uma questão de princípio tratar todas as pessoas imparcialmente. Nesse contexto, é fundamental que o facilitador de aprendizagem tenha absoluto bom senso e crie um ambiente de aprendizagem inclusivo e igualitário. Segundo o filósofo Edgar Morin, servir é o ponto de partida para se repensar a educação do século XXI.

Na perspectiva do autor, deve-se considerar os Sete Saberes Necessários à Educação do Futuro:

1. *As cegueiras do conhecimento: o erro e a ilusão* — o conhecimento deve preparar o indivíduo para enfrentar os riscos e as situações da vida diária com sabedoria e discernimento. Para tal, é necessário que a educação desenvolva as características cerebrais, mentais e culturais para não induzir ao erro ou à ilusão;

2. *Os princípios do conhecimento pertinente* — é primordial que os educadores apresentem realidades locais ao mesmo tempo em que as contextualizem com acontecimentos do mundo. Isso porque acontecimentos e conhecimentos fragmentados dificultam o entendimento e o conhecimento global;

3. *A condição humana* — o ser humano é uma unidade complexa. É um ser que ao mesmo tempo é físico, biológico, psíquico, cultural, social e histórico. Assim, as disciplinas devem integrar os conteúdos promovendo o desenvolvimento do humano na sua totalidade;

Diversidade e inclusão 135

4. *A identidade terrena* – mostrar que o acontecimento da localidade interfere na totalidade e que tudo está interligado, ou seja, as decisões e atitudes de um local podem atingir toda a humanidade, pois vivemos em uma imensa comunidade, com destino comum;

5. *Enfrentar as incertezas* – é preciso saber lidar com as incertezas, limitações, imprevistos e novidades que surgem a cada dia. Devemos preparar pessoas para que sejam capazes de enfrentar esses desafios inesperados, fortalecendo as suas estruturas mentais e assim resolvendo seus problemas de modo construtivo baseado em situações anteriores;

6. *A compreensão* – a comunicação não garante a compreensão, e um dos obstáculos da aprendizagem é a compreensão. Muitas vezes o mal-entendido gera conflitos, e a diferença de cultura, a falta de respeito à liberdade e o egocentrismo são fatores que devem ser observados para compreender o outro e o eu. A compreensão favorece o pensar pessoal e global. Faz-se necessário compreender o outro para que nessa troca também sejamos compreendidos. Afinal, empatia gera empatia;

7. *A ética do gênero humano* – a ética deve conduzir o humano a um caráter sociável e humanizado. O educador deve despertar a consciência de que tudo o que se faz reflete em nós mesmos, e para que tudo fique bem para todos, é necessário ter consciência dos atos praticados, desenvolvendo no ser humano suas aptidões individuais e coletivas.

Vale reiterar que a Organização das Nações Unidas para a Educação, Ciência e Cultura (UNESCO), ao adotar a Declaração Universal sobre a Diversidade Cultural,[3] reafirmou ser a cultura o conjunto dos traços distintivos espirituais e materiais, intelectuais e afetivos que caracterizam uma sociedade ou um grupo social, e que abrange, além das artes e das letras, os modos de vida, as maneiras de viver juntos, os sistemas de valores, as tradições e as crenças. Ou seja, é fundamental que as organizações entendam que a diversidade é algo global que faz parte da condição humana em todo o planeta. E vale lembrar que as transformações culturais da sociedade também se refletem dentro das empresas.

Portanto, é possível perceber que o desenvolvimento humano nas organizações exige um esforço que seja capaz de unir princípios e habilidades técnicas e socioemocionais. Dica para a diversidade no ambiente de trabalho: procure sempre ver o melhor de cada ser humano. Uma reflexão que merece atenção especial é que a *cultura organizacional* pode significar vantagem competitiva para as empresas, mas, por outro lado, pode sabotar quaisquer tentativas de mudança de paradigma. Afinal, já disse Peter Drucker: a cultura come a estratégia no café da manhã. Não há estratégia que possa sobreviver à cultura de uma empresa. Pensar e aceitar o diferente representa força competitiva para as organizações. Ouvir os colaboradores para tomar decisões é uma prática que pode gerar engajamento e resultados positivos para o negócio.

Lembre-se: *somos todos diferentes, e isso nos faz iguais.*

LIDERANDO PELO PROPÓSITO: O PAPEL DAS LIDERANÇAS

"QUEM QUISER SER LÍDER DEVE SER PRIMEIRO UM SERVIDOR. SE VOCÊ QUISER LIDERAR, DEVE SERVIR."

Jesus Cristo[1]

onforme você consegue aumentar a compreensão de quem você é por meio do aprofundamento de sua autoconsciência, mais será possível se aproximar de seus reais valores e princípios, propósito e missão pessoal. Vale lembrar que a autoconsciência é uma capacidade exclusivamente humana. Identificar seus valores e princípios e viver em sincronicidade com eles aumenta consideravelmente seu senso de propósito, poder de influência e até a sua longevidade.

Liderar sintonizado com o seu propósito poderá gerar senso de exemplo, inspiração, engajamento e motivação da equipe. Viver o seu propósito envolve as pessoas que estão próximas a você. Como disse Stephen Covey,[2] "sem envolvimento não há compromisso". Lembre-se disso: "sem envolvimento não há compromisso." Pensando no mundo corporativo, além de envolver, é possível inspirar e conquistar genuinamente o que cada pessoa tem de melhor para gerar valor para seu progresso pessoal e para os resultados empresariais.

Um líder, para conseguir realizar o seu propósito, precisará estar em sintonia com o propósito daqueles que o acompanham. Liderar pelo propósito exige boa dose de a, empatia verdadeira e paciência. E se as pessoas não souberem qual é o seu propósito? Nessa hora (mais do que nunca) a liderança terá o papel de ajudar o outro a encontrar a sua conexão pessoal, a crescer como pessoa.

O propósito começa pela conexão pessoal de cada um consigo próprio. É um estado de expansão da consciência. Consequentemente, faz potencializar o magnetismo pessoal, o carisma e a humanidade que todo ser humano tem em sua essência. Trabalhar com propósito é algo cada vez mais presente no mundo corporativo. O propósito nas organizações se tornou um conceito fundamental para aumentar a produtividade das equipes e maximizar os resultados organizacionais.

É preciso despertar nas pessoas o senso de amor pelo trabalho, mas, para isso, é fundamental haver ética, sensibilidade e respeito humano. Liderar pelo propósito é em essência liderar pelo exemplo. E o exemplo é considerado o principal método de influência humana. Contudo, é muito frequente encontrar em empresas líderes que não praticam o que falam. Essa é a causa raiz para a disfunção de muitas equipes, mesmo que tenha talentos.

Ser líder é uma grande oportunidade de transformar a vida de muitas pessoas. Ao desenvolver um colaborador você contribuirá para o crescimento pessoal, profissional e social do indivíduo. Você poderá ajudar a outra pessoa a tornar-se o herói da família dele. Se você verdadeiramente amar o seu ofício, será capaz de dizer que até pagaria para fazer o seu trabalho. Porque esse é o seu propósito, seu IKIGAI, palavra japonesa que significa *razão de viver*.

Empresas também podem ter propósito. Organizações que criaram a sua missão (com a participação de todos os funcionários) são as mais bem-sucedidas. A cultura organizacional deve refletir os valores mais profundos compartilhados por todos que pertencem à organização. Ter um time que compartilha do mesmo propósito da empresa é o que faz diferença para que uma organização cresça no seu segmento de atuação, afinal, o capital

Liderando pelo propósito: o papel das lideranças 139

humano é o principal ativo de uma empresa. É pelo propósito que tudo é possível, até mesmo evoluir para o mundo digital sem perder sua essência.

O líder deve ser o guardião da cultura organizacional. Como disse Peter Drucker,[3] líderes são bastante visíveis, portanto, servem de exemplo e inspiração. Nesse sentido, vale lembrar que o exemplo tem muito poder. E para que o seu funcionário faça o que você quer e precisa que ele faça, ele precisará ter a atitude e o desejo genuíno de querer fazer. Ou seja, para o líder alcançar o seu propósito, precisa do propósito de sua equipe em comunhão. Vale ressaltar que a congruência entre os valores do funcionário e os valores da organização precisa ser gerenciada de maneira contínua — faz parte da gestão da qualidade e do conhecimento.

Para manter um time unido e vencedor, é fundamental conhecer com profundidade sua equipe, estreitar os vínculos, cultivar relacionamentos verdadeiramente respeitosos e entender os talentos e objetivos pessoais de cada indivíduo de sua equipe. Nem sempre o dinheiro é a única moeda de troca. O reconhecimento é uma moeda de grande valor. Portanto, viver em sintonia com o seu propósito (sendo exemplo) poderá ser a sua atitude-chave para liderar verdadeiramente e influenciar a sua equipe.

PARTE 4

4

ENCERRAMENTO

"NÃO DEVEMOS PERMITIR QUE ALGUÉM SAIA DE NOSSA PRESENÇA SEM SE SENTIR MELHOR E MAIS FELIZ."

MADRE TERESA DE CALCUTÁ[1]

omeça aqui a última parte do livro *Conhecimento Líquido*. Acredito que um livro nunca acaba; ele se transforma na mente de quem o lê. Um livro tem o poder de unir o arco do tempo: passado, presente e futuro. Ler é a melhor maneira de expandir a mente.

Um agradecimento especial a você quem está lendo este livro nesse momento exato de sua vida. Para você que escolheu este livro, meu muito obrigado. Espero verdadeiramente que tenha sido relevante para você.

Deixo aqui para refletir uma oração que traz a essência do modelo mental da arte de aprender, servir e liderar. A intenção aqui não é religiosa ou dogmática, mas de transcendência pela espiritualidade, gratidão, esperança e comunicação empática. Trata-se de uma postura perante a vida. Como costumo dizer nos programas de desenvolvimento humano, tenho a forte crença de que fazer o bem faz bem.

Espero que este livro tenha provocado alguma reflexão em você. Fiquei feliz de estarmos juntos nessa leitura. Amor ao aprendizado contínuo ao longo da vida é a minha paixão — é o que alimenta minha alma.

Com gratidão,

Valter Bahia Filho

"SÃO OS HUMILDES QUE SE TORNAM BONS PROFESSORES DE ADULTOS."

MALCOLM KNOWLES[2]

ORAÇÃO DE FRANCISCO DE ASSIS[3]

Senhor, fazei de mim um instrumento de vossa paz

Onde houver ódio, que eu leve o amor

Onde houver ofensa, que eu leve o perdão

Onde houver discórdia, que eu leve a união

Onde houver dúvidas, que eu leve a fé

Onde houver erros, que eu leve a verdade

Onde houver desespero, que eu leve a esperança

Onde houver tristeza, que eu leve a alegria

Onde houver trevas, que eu leve a luz

Ó Mestre, fazei com que eu procure mais consolar

Que ser consolado

Compreender, que ser compreendido

Amar, que ser amado

Pois é dando que se recebe

É perdoando, que se é perdoado

E é morrendo que se vive para a vida eterna.

BÔNUS

ARTIGO CIENTÍFICO

CONTRIBUIÇÕES DA NEUROCIÊNCIA PARA APRENDIZAGEM NAS ORGANIZAÇÕES

Valter Bahia Filho

RESUMO

O artigo apresenta conceitos sobre neurociência, aprendizagem e organizações com o objetivo de refletir como a neurociência vem contribuindo para o ensino e aprendizagem dentro das organizações, mediante informações sobre o funcionamento do cérebro e ativação de áreas responsáveis pela atenção, memória e cognição, que são potencializadas por meio de princípios andragógicos que envolvem a participação horizontal e a interatividade dos participantes.

Palavras-chave: Neurociência; Aprendizagem; Organizações.

ABSTRACT

This article presents concepts of neuroscience, learning and organizations in order to reflect how neuroscience has contributed to the teaching and learning within organizations, according to information on brain function and activation of areas responsible for attention, memory and cognition, which are potentiated by andragogical principles involving horizontal participation and interactivity of the participants.

Key-words: Neuroscience; Learning; Organizations.

INTRODUÇÃO

Este trabalho teve como objetivo refletir sobre como a neurociência pode contribuir em processos de aprendizagem nas organizações por meio de aspectos como atenção, emoção e memória.

Embora a neurociência já venha sendo utilizada há bastante tempo para estudar o comportamento humano, há pouco mais de dez anos ela começou a despontar como uma ferramenta para tornar as ações educacionais mais efetivas, simplificadas e práticas.

A neurociência é um grande campo de estudos que engloba o sistema nervoso dos seres humanos em sua morfologia, funcionalidade e capacidade de resposta. É um conjunto multidisciplinar de conhecimentos que auxilia aqueles que a utilizam para compreender os diversos mecanismos de processamento de informações e dados que influenciam nossa capacidade de aprendizado, manutenção do foco de atenção e a assimilação de conteúdos e sua transformação em memórias.

Considerando os avanços sobre o estudo do funcionamento do cérebro, o objetivo deste trabalho é refletir sobre a contribuição da neurociência para a aprendizagem organizacional segundo a opinião de especialistas relacionados a esta área de conhecimento. Este trabalho constitui um estudo que busca refletir sobre contribuições da área da neurociência para o ambiente de aprendizagem nas organizações. Para tal, fez-se uso de conceitos relacionados a processos cerebrais e comportamento humano, na busca de consolidação do conteúdo abordado no referencial teórico. O ambiente corporativo pode ser entendido como a soma de comportamentos e regras de convivências acordadas pelos indivíduos que formam este coletivo. Portanto, é possível entender que a neurociência pode transformar o ambiente corporativo.

DEFINIÇÃO DE ORGANIZAÇÃO

Para entender de onde procede o termo "organização", Mattos (1978) fez uma pesquisa na qual identificou que, etimologicamente, o termo "organização" vem do grego *organon*, e o seu significado é a palavra órgão. Compreende-se então a aplicabilidade do termo para designar empresas, instituições ou entidades.

Chiavenato (1982) tem mais de uma definição para o termo "organização". Primeiramente, como unidade ou entidade social que agrupa pessoas de forma intencional para atingir um determinado objetivo. Para o autor, organização pode significar também o ato de organizar e estruturar. Nesse sentido, como função administrativa e parte do processo administrativo.

De acordo com Drucker (1993), o termo "organizações" supera a visão fragmentada de décadas passadas, quando os cientistas políticos e sociais só falavam de governo, empresa, sociedade, comunidade e família. Hoje, o termo denota diversas modalidades de agrupamentos de pessoas que se associam intencionalmente para trabalhar e atingir objetivos comuns.

Na percepção de Kunsch (2003), um aspecto relevante a ser levado em conta sobre as organizações é que elas são formadas por pessoas. Para a autora, as pessoas carregam dentro de si o seu universo cognitivo e, portanto, têm uma maneira própria de ver as coisas.

DEFINIÇÃO DE NEUROCIÊNCIA

Segundo Relvas (2010), neurociência é uma ciência nova, que trata do desenvolvimento químico, estrutural, funcional e patológico do sistema nervoso. Para Siqueira-Batista e Antônio (2008), a neurociência é um campo interdisciplinar de várias ciências que busca estudar a estrutura e a organização funcional do sistema nervoso a fim de compreender sua estrutura, desenvolvimento, funcionamento e evolução, bem como a relação entre o comportamento e a mente, e suas alterações.

De acordo com Ribeiro (2013), a neurociência se mostra fundamental para vários estudiosos pela possibilidade de compreensão dos mecanismos das emoções, pensamentos e ações, patologias, aprendizado e esquecimento, fenômenos que definem e constituem o ser humano.

De acordo com Bear, Connors e Paradiso (2002), os conhecimentos fornecidos pela neurociência contribuem atualmente para o entendimento do encéfalo e suas múltiplas conexões. O estudo dos diversos processos mentais — como e onde eles ocorrem, quais regiões específicas do cérebro estão relacionadas — exige interdisciplinaridade entre diferentes áreas como a medicina, a biologia, a psicologia, a física, a química e a matemática.

Para Herculano-Houzel (2007), uma importante descoberta da neurociência, que se bem aproveitada poderá elevar o nível de aprendizado e a qualidade cognitiva, é a afirmação de que, em algumas regiões do cérebro — como, por exemplo, o hipocampo — novos neurônios continuam a nascer (neurogênese) ao longo da vida.

O SIGNIFICADO DE APRENDER PARA A NEUROCIÊNCIA

De acordo com Herculano-Houzel (2010), pode-se definir aprendizado como sendo a modificação do cérebro por meio da experiência; isto é, o cérebro, quando realiza uma determinada ação, modifica-se de tal forma que numa próxima ação ele agirá de maneira diferente de acordo com a experiência anterior.

Para Lima (2007, p. 8), "o cérebro não só aprende, como se reorganiza, dependendo das circunstâncias de vida de cada um. Por isso, a experiência individual é tão importante para compreender os caminhos da aprendizagem".

Para Herculano-Houzel (2009), a neurociência compreende o aprendizado sob três fatores: "[...] *repetição,* base das mudanças sinápticas que implementam a nova maneira de agir, pensar ou sentir; *retorno negativo,* que informa quando se erra e é preciso tentar de novo de outra maneira; e *retorno positivo,* que sinaliza quando se fez a coisa certa que deve ser repetida no futuro".

Segundo os autores Andrade, Santos e Bueno (2004), Gil (2003) e Kandel, Schwartz e Jessell (2000), pode-se definir *atenção* como o processo cognitivo que permite que determinadas informações sejam mais eficientes e profundamente processadas pelo córtex do que outras informações não selecionadas. O processo atencional pode operar tanto em estímulos do ambiente — como ouvir uma conversa dentro de uma balada — como também em informações originadas no próprio sistema nervoso, como recordar um evento. Dado que mais informações são processadas de maneira mais adequada, uma maior atenção frequentemente possibilita um desempenho comportamental mais eficiente, com menor tempo de reação e maior precisão.

Segundo Guerra (2011), terá mais chance de ser considerado como significante para o indivíduo e, portanto, alvo da atenção, aquilo que faça sentido no contexto em que ele vive, que tenha ligações com o que já é conhecido, que atenda a expectativas ou que seja estimulante e agradável.

Na visão de Goleman (2014), os tipos de atenção que se formam na mente humana são a superior e a inferior. A atenção superior é analítica e devagar, examina as opções antes de dar uma resposta, opera de "cima para baixo" (sistema descendente), situando-se no córtex pré-frontal. É o que diferencia o ser humano das demais espécies animais: a possibilidade de pensar em longo prazo, de ponderar situações e de escolher a mais adequada às próprias circunstâncias. Os circuitos descendentes tiveram maturação plena depois do sistema ascendente, há algumas centenas de milhares de anos, do ponto de vista evolutivo da espécie humana. A atenção inferior é intuitiva e rápida, age em questão de segundos, operando em um sistema ascendente, e foi o produto de milhões de anos de evolução da espécie humana. Os movimentos são automáticos: agir sem pensar muito, por exemplo, na reação de fuga; ao sentir que um perigo está se aproximando, a atenção inferior é a responsável por executar esse tipo de comportamento.

Emoção: segundo Guerra (2011), Hipócrates, considerado o pai da medicina, já afirmava há cerca de 2.300 anos que é por meio do cérebro que sentimos tristeza ou alegria, e é também por meio de seu funcionamento que somos capazes de aprender ou de modificar nosso comportamento. Para a autora, as emoções podem facilitar a aprendizagem, mas o estresse tem efeito contrário. O ambiente de aprendizagem deve ser planejado para facilitar as emoções positivas e evitar emoções negativas. Nesse sentido, é aconselhável criar condições que levem a um maior autoconhecimento emocional e orientem para uma adequada manifestação das respostas emocionais nas interações sociais. Na perspectiva da autora, são as emoções que orientam a aprendizagem. Neurônios das áreas cerebrais que regulam as emoções relacionadas ao medo, ansiedade, raiva e prazer mantêm conexões com neurônios de áreas importantes para formação de memórias. Poderíamos dizer que o desencadeamento de emoções favorece o estabelecimento de memórias. Aprendemos aquilo que nos emociona.

De acordo com Pavão (2003), a competência emocional precisa ser desenvolvida em qualquer área de atuação, tendo em vista que é a chave para o bom desempenho do indivíduo na sociedade. As competências emocionais nas relações de ensino e aprendizagem que precisam ser desenvolvidas são: percepção emocional, autoconfiança, autocontrole, conscienciosidade, empatia, colaboração e trabalho em equipe. De acordo com Goleman (2002), a competência emocional começa na infância e se desenvolve no decorrer da vida a partir das nossas experiências.

Memória: segundo Gil (2003) e Kandel, Schwartz e Jessell (2000), a memória é uma função essencial para o ser humano. É a partir dela que a história passada pode ser acessada pelo indivíduo, dando sentido ao seu contexto atual. É a capacidade da memória que permite o aprendizado, não somente de conteúdos formais, mas acerca dos mais diversos aspectos da vida, desde como andar de bicicleta até como interagir adequadamente em sociedade.

Para Pinto (2009), a finalidade primeira da memória é fornecer informações para guiar as ações presentes. Para fazer isso com eficiência, geralmente a pessoa retém apenas as experiências que são úteis de algum modo. Portanto, as lembranças são seletivas.

Izquierdo (2011) se refere à memória como "aquisição, formação, conservação e evocação de informações. A aquisição é também chamada de aprendizado ou aprendizagem: só 'grava' aquilo que foi aprendido. A evocação é também chamada de recordação, lembrança, recuperação. Só lembramos aquilo que gravamos, aquilo que foi aprendido. [...] O acervo de nossas memórias faz com que cada um de nós seja o que é: um indivíduo, um ser para o qual não existe outro idêntico" (IZQUIERDO, 2011, p. 11).

PRINCÍPIOS DA ANDRAGOGIA E TEORIA SIGNIFICATIVA DA APRENDIZAGEM

Segundo Knowles (1980, 1990 e 2009), o termo *andragogia* se contrapõe à *pedagogia*, que se refere nominalmente à educação de crianças (o radical vem do grego *paidós*, criança). Na perspectiva da andragogia, os alunos participam das diversas etapas do processo de ensino e aprendizagem, no diagnóstico das necessidades educativas, na elaboração de planos, no estabelecimento de objetivos e nas formas de avaliações a partir do que foi definido no diagnóstico educativo. Ainda segundo este autor, "nossa posição é de que a andragogia apresenta princípios fundamentais para a aprendizagem de adultos que permitem àqueles que desempenham e conduzem esse tipo de aprendizagem construir processos mais eficazes" (Knowles, 2009, p. 2).

Para Litto (2009), andragogia é a ciência educacional voltada a orientar adultos a aprender, segundo a definição creditada a Malcolm Knowles, na década de 1970. O termo andragogia vem do grego *andros*, que significa adulto, e de *agogôs*, que tem como definição guiar, conduzir, educar. Apesar de ser atribuído a Knowles, o termo foi formulado em 1833 pelo professor alemão Alexander Kapp, que utilizou essa designação para descrever elementos e significados da teoria de educação de Platão.

De acordo Nogueira (2004) e Aquino (2007), as premissas que estabelecem o modelo educacional andragógico se diferenciam em diversos aspectos do modelo da pedagogia. A pedagogia tem ênfase no conteúdo e na figura do professor detentor do conhecimento; a andragogia enfatiza o processo de aprendizagem pautado na experiência do participante e em seus conhecimentos prévios. Os autores enfatizam as diferenças a partir da perspectiva do processo de ensino e aprendizagem.

Segundo Knowles (1980 e 2009), a aprendizagem andragógica ocorre por meio do ciclo andragógico formado por sete ações: 1. criar um clima que estimule a aprendizagem; 2. desenvolver mecanismos para planificação mútua; 3. diagnosticar as necessidades de aprendizagem; 4. elaborar objetivos instrucionais que satisfaçam as necessidades identificadas e diagnosticadas; 5. formular um plano de experiências de aprendizagem; 6. conduzir as experiências de aprendizagem com técnicas e materiais adequados; 7. mensurar e avaliar os resultados alcançados e rediagnosticar as necessidades de aprendizagem. Ainda segundo o autor, o processo de aprendizagem ocorre por meio de uma ordem lógica que se inicia com a sensibilização dos participantes (motivação), pesquisa, discussão, experimentação, conclusão (convergência) e compartilhamento de conhecimentos e experiências. Portanto, na educação andragógica, é difícil distinguir quem aprende mais, se o

152 Conhecimento Líquido

facilitador ou o aluno, pois a metodologia é focada no processo de aprendizagem por meio da troca e do respeito às experiências e às visões de mundo dos alunos participantes.

De acordo com Bellan (2005), quando se olha a aprendizagem de adultos por meio da andragogia, vê-se que o papel do professor como é tradicionalmente conhecido deve ser revisto, afinal, os alunos adultos são conscientes de suas habilidades e experiências e exigem mais envolvimento no processo de aprendizagem. Nesse sentido, o professor deve transformar-se em facilitador, um agente de transformação. De acordo com Finger (2003), o conceito de facilitação está diretamente relacionado com o conceito de crescimento, com a chamada aprendizagem autodirigida.

De acordo com Alcalá (1999), a andragogia pode ser definida como ciência e arte que, por fazer parte da Antropologia e se apresentar "imersa na Educação Permanente", acaba por se desenvolver por meio de uma prática que se fundamenta nos princípios da Participação e da Horizontalidade. Nesse contexto, o Eixo Andragógico constitui-se dos participantes e do facilitador, sendo direcionados pelos princípios da Horizontalidade e Participação. O autor destaca que o processo para o desenvolvimento da andragogia aparece orientado com características sinérgicas pelo facilitador do aprendizado e permite o desenvolvimento do pensamento, da autogestão, da qualidade de vida e da criatividade do participante adulto, a fim de proporcionar uma oportunidade para que a autorrealização seja alcançada. Nesse sentido, métodos andragógicos têm sido utilizados em organizações de todo o mundo. Vale ressaltar que as organizações já perceberam as vantagens e rapidamente implementaram programas de formação para transformar seus colaboradores em facilitadores permanentes dentro da organização.

Na perspectiva de Ausubel, Novak e Hanesian (1980), a Teoria Significativa da Aprendizagem está baseada na aprendizagem que parte da compreensão, e contrapõe-se ao ato de decorar. Segundo Ausubel (1980), bastaria o professor descobrir o que o aluno já sabe para, então, desenvolver, a partir do que é conhecido, do que já faz parte da sua estrutura cognitiva, uma nova informação que resultaria em um novo conhecimento e, consequentemente, na alteração da estrutura cognitiva do aluno. Dessa forma, a aprendizagem passa a ser a organização e integração de um novo material na estrutura cognitiva preexistente. O autor defende a necessidade do uso de organizadores prévios para receberem e facilitarem as novas aprendizagens que serão captadas pelo sujeito. Ou seja, a aprendizagem significativa é, portanto, tudo que para o sujeito tenha significado, ou ainda, tudo o que ele seja capaz de aprender, pois consegue captar sua importância.

Nas palavras de Ausubel (1978): "Se tivesse que reduzir toda a psicologia educacional a um só princípio, diria o seguinte: o fator isolado mais importante influenciando a aprendizagem é aquilo que o aprendiz já sabe. Descubra isso e ensine-o de acordo."

Segundo Gowin (1981), aprendizagem significativa depende da compreensão de significados, um processo que envolve uma negociação de significados entre discente e docente e que pode ser longo. Nesse sentido, o autor considera ser uma ilusão pensar que uma boa explicação, uma aula "bem-dada" e um aluno "aplicado" são condições que garantem uma aprendizagem significativa. O significado depende do domínio progressivo de situações-problema, situações de aprendizagem. Por exemplo, no caso da aprendizagem de conceitos é possível tomar como premissa situações-problema que dão sentido aos conceitos. De acordo com Moreira (1999), o conhecimento prévio pode ser interpretado em termos de esquemas de assimilação, construtos pessoais e modelos mentais.

Segundo Tardif (2000), tanto em suas bases teóricas quanto em seus resultados práticos, os conhecimentos profissionais são evolutivos e progressivos; portanto, necessitam de uma formação contínua. Faz-se necessário que os profissionais se reciclem por diferentes meios. Nesse sentido, a formação profissional ocupa uma boa parte da carreira. Os conhecimentos profissionais devem ser revisáveis, criticáveis e passíveis de aperfeiçoamento.

EDUCAÇÃO CORPORATIVA E NEUROCIÊNCIA

Segundo Bianchetti (2005), utiliza-se o termo "educação corporativa" desde a década de 1950, quando a *General Eletric* lançou a Universidade Corporativa da GE, a Crotonville, em 1955. Segundo Meister (1999), sua origem é nos Estados Unidos, quando muitas empresas, determinadas a tornarem-se líderes empresariais na economia global, lançaram a educação corporativa como veículo para ganhar vantagem competitiva. Para a autora, a educação corporativa é mais do que um processo, é um "trabalho em andamento", definido como um "guarda-chuva estratégico para o desenvolvimento e a educação de funcionários, clientes e fornecedores, buscando otimizar as estratégias organizacionais, além de um laboratório de aprendizagem para a organização e um polo de educação permanente" (Meister, 1999, p. 8).

Sobre o tema educação corporativa, Bianchetti (2005) ressalta a importância da ideia do trabalho e da aprendizagem sobrepondo-se nas empresas. O autor enfatiza: "Tendo como ponto de partida uma formação básica, o indivíduo é estimulado ou compelido pelas atuais transformações do mundo do trabalho, a complementar seus estudos dentro e fora da empresa, o que recebe diferentes denominações (formação continuada, educação permanente, formação ao longo da vida), mas todas com o mesmo sentido: a necessidade de aprendizagem constante." (Bianchetti, 2005, p. 10).

Segundo Meister (1999), a educação corporativa é uma iniciativa organizacional que tem o objetivo de garantir um processo contínuo e estruturado de aprendizagem vinculada a objetivos estratégicos da organização. Ou seja, para a autora, o objetivo da educação corporativa é vincular os programas de aprendizagem a metas e resultados estratégicos reais da empresa.

As empresas mais bem-sucedidas, em vez de esperarem que as escolas tornem seus currículos mais relevantes para a realidade empresarial, resolveram percorrer o caminho inverso e trouxeram a escola para dentro da empresa. Abandonaram o paradigma de que a educação seria um capítulo da responsabilidade social da empresa e passaram de forma muito pragmática a entender que o diferencial decisivo de competitividade reside no nível de capacitação de todos os seus funcionários, fornecedores principais, clientes e até mesmo membros da comunidade onde atuam (Meister, 1999, p, 15).

Vale ressaltar que, segundo Guerra (2011), a educação tem por objetivo o desenvolvimento de novos conhecimentos ou comportamentos, sendo mediada por um processo que envolve a aprendizagem. Geralmente, diz-se que uma pessoa aprende quando desenvolve ou adquire novas competências para resolver problemas e realizar tarefas, empregando atitudes, habilidades e conhecimentos que foram adquiridos ao longo de um processo de ensino e aprendizagem. No entendimento da autora, as pessoas aprendem quando são capazes de exibir e de expressar novos comportamentos que permitem transformar a prática e o ambiente em que vivem, podendo assim se realizarem como pessoas vivendo em sociedade.

Segundo Lima (2007), o desenvolvimento humano é marcado por aquisições de ordem biológica e cultural que só são possíveis graças à composição tanto física quanto química do cérebro no decorrer da vida. Na perspectiva da autora, o cérebro é um órgão social; a interação e as habilidades sociais são essenciais no processo de aprendizagem. Nesse sentido, é de grande importância o desenvolvimento da linguagem não verbal: reconhecimento dos sentimentos por meio da face, dos gestos, do olhar. Aprender a escutar e a expressar as emoções é fundamental para a aprendizagem.

Relvas (2010) explica que aprender implica planejamento de novas formas para solucionar desafios, atividades que estimulem diferentes áreas do cérebro a trabalhar com maior capacidade e eficiência. Ela comenta ainda que "uma aprendizagem só é formativa na medida que opera transformações na constituição daquele que aprende. [...] Em uma visão neurobiológica da aprendizagem, pode-se dizer que, quando ocorre a ativação de uma área cortical, determinada por um estímulo, provoca alterações também em outras áreas, pois o cérebro não funciona como regiões isoladas" (Relvas, 2010, p. 26).

METODOLOGIA

Considerando os estudos realizados que tiveram como objetivo correlacionar conceitos e teorias, visando responder à questão do tema, este trabalho pode ser considerado uma pesquisa bibliográfica de método qualitativo analítico interpretativo. Este método teórico serviu de embasamento à interpretação dos dados levantados.

Segundo Gil (1991), a pesquisa é um processo racional e sistemático que tem como objetivo propiciar respostas às questões que são propostas. É importante que o método de pesquisa seja bem desenvolvido para que os objetivos do trabalho consigam ser atingidos e para que as questões do tema abordado consigam ser respondidas.

Na percepção de Marconi e Lakatos (2010), o método teórico deve servir de embasamento à interpretação do significado dos dados levantados. O objetivo da pesquisa científica é o desenvolvimento de um caráter interpretativo. Esse desenvolvimento significa muito mais do que um relatório ou narração de fatos colhidos.

A pesquisa bibliográfica, segundo Gil (2008), é desenvolvida com base em materiais já elaborados, constituídos principalmente de livros e artigos científicos. A sua fonte vale-se de materiais que já receberam um tratamento analítico, elaborados de acordo com os objetos do problema. Para Gil (2008), a pesquisa exploratória tem como objetivo proporcionar maior familiaridade com o problema para que seja possível explicitá-lo. Pode envolver levantamento bibliográfico e entrevistas com pessoas experientes no problema. Por isso, geralmente assume a forma de pesquisa bibliográfica.

Com o objetivo de proporcionar maior familiaridade com o problema em questão, foram utilizados os seguintes sites de pesquisa: Google Acadêmico e Scielo.br. As palavras-chave utilizadas na pesquisa foram: neurociência, aprendizagem e organizações. Na pesquisa, foram encontrados no Google Acadêmico 2.130 resultados, no período de 2010 a 2016. Foram lidos 20 artigos e descartados 2.110, porque a grande maioria dos artigos encontrados no Google Acadêmico não abordava o tema em questão, em conformidade com o objetivo desta pesquisa.

Considerando o escopo deste trabalho, podemos mencionar que os principais achados com essa pesquisa foram os conceitos relacionados à neurociência contextualizados em processos de aprendizagem nas organizações. O desafio de não encontrar uma bibliografia mais específica sobre esse tema reforçou a relevância da pesquisa. É possível dizer que a neurociência será a grande tendência nos programas de desenvolvimento de pessoas no ambiente organizacional nos próximos anos. Mas vale ressaltar que é preciso separar o trabalho dos neurocientistas do trabalho daqueles que utilizam a neurociência como ferramenta de desenvolvimento humano. Faz-se necessário ter humildade e inteligência para buscar acompanhar as novas e constantes descobertas. Enfim, o grande desafio dos educadores reside na compreensão dos mecanismos neurais de interação entre o indivíduo e seu ambiente. Vale ressaltar que a educação corporativa precisa cada vez mais de resultados de curto prazo; entretanto, que sejam sustentáveis no longo prazo. Para isso, não será possível apenas treinar pessoas para fazer serviços.

CONSIDERAÇÕES FINAIS

Este trabalho teve como objetivo refletir sobre aspectos da contribuição da neurociência para a aprendizagem organizacional, segundo a opinião de especialistas relacionados a esta área de conhecimento. A neurociência pode ser entendida como uma área caracteristicamente interdisciplinar, na qual as contribuições têm vindo não só das Ciências Biológicas e da Saúde, mas também das Ciências Físicas e Humanas.

Memorizamos as experiências que passam pelo filtro da atenção. A memória é imprescindível para a aprendizagem. As estratégias em processos de ensino e aprendizado devem utilizar recursos que sejam multissensoriais para ativação de múltiplas redes neurais que estabelecerão associação entre si.

A área da neurociência visa à compreensão do funcionamento do sistema nervoso e de como ele se relaciona com o comportamento humano, podendo oferecer subsídios à aprendizagem e à melhoria do desempenho dos colaboradores de uma organização.

As limitações da presente pesquisa são relacionadas ao fato de se tratar de uma área muito nova, ainda pouco explorada, com escassas fontes bibliográficas (livros, artigos e pesquisas) que abordem o tema.

O resultado obtido com este trabalho pretende proporcionar reflexão sobre as contribuições da neurociência em aprendizagem nas organizações, de forma resumida e estruturada por meio de conceitos e teorias correlacionadas. No entanto, é relevante considerar que as descobertas científicas da neurociência que contribuem para os processos da aprendizagem estão em evolução contínua e se atualizam permanentemente por meio de novas pesquisas e publicações científicas.

APRENDIZAGEM E APRENDIZ — INSIGHTS SOBRE O FUTURO

"OS ANALFABETOS DESTE SÉCULO NÃO SÃO AQUELES QUE NÃO SABEM LER OU ESCREVER. MAS OS INCAPAZES DE APRENDER, DESAPRENDER E APRENDER DE NOVO."

ALVIN TOFFLER[1]

É impossível saber como estará o mundo nos próximos cinquenta anos. O universo do trabalho está em plena transformação, e isso inclui a aprendizagem. Sei que minhas reflexões nunca serão perfeitas. Então eu digo: tudo bem errar. Mas em qualquer discussão sobre o futuro a questão é sempre a mesma — a imprevisibilidade. É preciso não esquecer do papel das lideranças nos processos de transformação.

O fator humano sempre estará presente no futuro: autoconsciência, autocontrole, consciência social, gestão do relacionamento e automotivação são habilidades socioemocionais essenciais para o sucesso pessoal e profissional. As novas tecnologias e as neurociências têm contribuído muito para uma melhor qualidade de vida e para a aprendizagem. Na onda das transformações impulsionadas pela tecnologia, o humano firma-se como grande diferencial para o sucesso; ao longo do livro *Conhecimento Líquido* talvez você tenha percebido isso. Nesse contexto, vale lembrar que a internet mudou a maneira exponencial de acessar o conhecimento. A humanidade conquistou a velocidade de informação em tempo real. No século XXI, as pessoas têm muito mais acesso ao conhecimento por causa da web. Esse é um momento de reaprender a aprender. Educar hoje é fornecer ferramentas para obter novos conhecimentos — tanto online quanto offline. A educação, sem dúvida, é um dos setores mais importantes de uma nação, e sempre será essencial para o desenvolvimento humano e organizacional. Novas habilidades serão exigidas das pessoas permanentemente. Soma-se a isso o conceito *Lifelong Learning* — aprendizagem continuada por toda vida.

Ao refletir sobre *Lifelong Learning*, é fundamental revisitar do conceito de mundo V.U.C.A. Trata-se de um conceito criado na escola de exército americano que se refere a um mundo de incertezas e mudanças. A sigla significa *volatilidade, incerteza, complexidade e ambiguidade*. Ou seja, o mundo está em mudança constante. Crises e desafios inesperados surgem o tempo todo. A boa notícia é que a informação é abundante, então as pessoas podem aprender rapidamente e se adaptar aos novos cenários. Existe uma complexidade maior. Os eventos não acontecem mais só por causa e efeito. Acontecem muitas vezes dentro de uma rede de acontecimentos. Então a análise de uma situação pode ser um pouco mais complexa. E tem também a questão da ambiguidade. Com as redes sociais digitais é possível ter argumentos convincentes para qualquer ponto de vista.

Então, para o ser humano sobreviver com êxito entre tantas mudanças, incertezas e inovações é fundamental desenvolver a capacidade de aprender coisas novas permanentemente. O aprendizado contínuo tornou-se requisito essencial para o sucesso em qualquer área, por isso é tão importante.

Segundo a Lifelong Learning Council Queensland (LLCQ),[2] uma instituição que dissemina o conceito ao redor do mundo, a ideia de *Lifelong Learning* é definida como "um aprendizado que é cultivado durante a vida: um aprendizado que é flexível, diverso e disponível em diferentes tempos e lugares. O *Lifelong Learning* cruza setores, promovendo aprendizado além da escola tradicional e ao longo da vida adulta".

Aprendizagem e aprendiz — insights sobre o futuro   **161**

O capital humano e a atualização de suas *soft skills* (competências comportamentais) passam a ser fator estratégico e altamente econômico para as empresas. Essa é uma tendência global. E não para por aí. Nesse contexto, é preciso desenvolver a resiliência. Ainda de acordo com a Lifelong Learning Council Queensland, o conceito se baseia em quatro pilares fundamentais: aprender a conhecer, a fazer, a conviver e a ser. Empresas são feitas por pessoas e o mundo se atualiza em uma velocidade nunca antes vista. O conhecimento só será útil se chegar em quem precisa e se tiver eficácia para melhorar a vida. Aprendizado é cultura. Feedback é cultura. Cultura é comportamento. Cada empresa tem um caminho. Eu me identifico com as que têm propósito. É possível aprender ao longo da vida de várias maneiras, formais ou informais. De acordo com Filippo Ghermandi, CMO e cofundador da Clara, a pessoa que optar por adotar essa prática se torna, automaticamente, o eterno aprendiz.[3]

O futuro já começou. E nesta era o conhecimento é líquido. Nas palavras de Osho,[4] "dizem que antes de um rio entrar no mar, ele treme de medo. Olha para trás, pensa em toda a jornada que percorreu, lembra os cumes das montanhas, lembra do longo caminho sinuoso que trilhou através de florestas e povoados, e vê à sua frente um oceano tão vasto que entrar nele nada mais é do que desaparecer para sempre. Mas não há outra maneira. É inevitável, o rio não pode voltar. Ninguém pode voltar. Voltar é impossível na existência. O rio precisa se arriscar e entrar no oceano. Somente quando ele entra no oceano é que o medo desaparece porque então o rio saberá que não se trata de desaparecer no oceano, mas de tornar-se oceano".

Tudo está sendo democratizado, inclusive o acesso ao conhecimento. As novas tecnologias inspiram o inimaginável. Mas só o digital não resolve. Experiências de aprendizagem *blended* — em que o digital e o presencial convivem de forma complementar — são uma tendência que deverá crescer. A comunicação verdadeiramente empática sempre terá grande impacto positivo no processo de aprendizagem. Nesse contexto, para que se possa conquistar os melhores resultados nas empresas, profissionais da aprendizagem precisam gostar realmente de pessoas, customizar a experiência, além de serem especialistas permanentemente atualizados em novas metodologias de aprendizagem. O envolvimento e o olho no olho são insubstituíveis para gerar conexão empática entre as pessoas.

A educação 4.0 já é realidade em boa parte das empresas e tende a crescer de forma exponencial.

Como você pode ter notado, mais do que nunca um dos principais desafios da aprendizagem nesse século é aprender novas formas de aprender. Portanto, nada será como antes. Todos os seres humanos da nossa era estão bem no meio dessa transformação sem volta.

Lembre-se: ao final de uma boa experiência de aprendizagem — seja online, offline ou *blended*, o cérebro humano terá se transformado biologicamente. O futuro pode ser imprevisível, mas certamente será bem melhor. Nas organizações do século XXI é preciso desenvolver cada vez mais o pensamento analítico e construir um ambiente colaborativo e humanizado. É preciso coragem e liberdade para seguir rumo ao infinito. Desejo que você tenha disposição para continuar a aprender. Sempre.

162 Conhecimento Líquido

REFERÊNCIAS

INTRODUÇÃO

1. Disponível em: https://www.ebiografia.com/carl_gustav_jung/. Data de acesso: 03/09/2019

2. Heutagogia. Disponível em: https://exame.abril.com.br/carreira/6-passos-para-aprender-mais-rapido-e-melhor/. Data de acesso: 27/08/2019.

3. Benvenutti, Maurício. Audaz: as 5 competências para construir carreiras e negócios inabaláveis nos dias de hoje. Editora Gente, 2018.

4. Disponível em: https://exame.abril.com.br/negocios/dino/rio-de-janeiro-recebeu-debate-nacional-sobre-inovacao-na-educacao/. Data de acesso: 27/08/2019.

5. Disponível em: https://www.startse.com/noticia/empreendedores/54579/lifelong-learning. Data de acesso: 27/08/2019.

6. Disponível em: https://exame.abril.com.br/negocios/futurismo-as-ideias-de-alvin-toffler/. Data de acesso: 03/09/2019.

7. Benvenutti, Maurício. Audaz: as 5 competências para construir carreiras e negócios inabaláveis nos dias de hoje. Editora Gente, 2018.

8. Disponível em: https://www.ebiografia.com/paulo_freire/. Data de acesso: 03/09/2019.

9. Disponível em: https://edisciplinas.usp.br/pluginfile.php/4134716/mod_resource/content/1/Os_7_Ha%CC%81bitos_das_Pessoas_Altamente_Eficazes-Stephen_Covey.pdf. Data de acesso: 27/08/2019.

10. Disponível em: https://pt.wikipedia.org/wiki/Stephen_Covey. Data de acesso: 03/09/2019.

11. Disponível em: https://edisciplinas.usp.br/pluginfile.php/4134716/mod_resource/content/1/Os_7_Ha%CC%81bitos_das_Pessoas_Altamente_Eficazes-Stephen_Covey.pdf. Data de acesso: 27/08/2019.

12. Disponível em: https://pt.qwerty.wiki/wiki/Bruce_Fairchild_Barton. Data de acesso: 03/09/2019.

13. Disponível em: http://www2.eca.usp.br/crp/docentes/margarida-kunsch/. Data de acesso: 03/09/2019.

14. Disponível em: https://www.ebiografia.com/woody_allen/. Data de acesso: 03/09/2019.

15. Disponível em: https://www.ebiografia.com/fernando_pessoa/. Data de acesso: 03/09/2019.

CAPÍTULO 1: NEUROAPRENDIZAGEM: NOSSO CÉREBRO É UM ÓRGÃO SOCIAL

1. Disponível em: https://books.google.com.br/books?id=KWYs7PSkcPoC&pg=PA155&lpg=PA155&dq=%22primeiro+ignoram+voc%C3%AA.+Depois+riem+de+voc%C3%AA.%22+gandhi&source=bl&ots=5ajkaltp04&sig=ACfU3U05t2G9_5fBEQLCxtdFcdWpBHSB2Q&hl=pt-BR&sa=X&ved=2ahUKEwjEke2D1KjkAhUxK7kGHTuYC4QQ6AEwCnoECAgQAQ#v=onepage&q=%22primeiro%20ignoram%20voc%C3%AA.%20Depois%20riem%20de%20voc%C3%AA.%22%20gandhi&f=false. Data de acesso: 29/08/2019.
2. Disponível em: https://repositorio.uam.es/handle/10486/676315. Data de acesso: 29/08/2019.
3. Disponível em: https://epocanegocios.globo.com/Carreira/noticia/2018/02/por-que-voce-deveria-saber-o-que-sao-os-moocs.html. Data de acesso: 29/08/2019.

CAPÍTULO 2: NEUROCIÊNCIA COMO ESTRATÉGIA EM APRENDIZAGEM

1. Disponível em: http://www.editoracpad.com.br/hotsites/5niveislideranca/. Data de acesso: 29/08/2019.
2. Disponível em: https://www.infoescola.com/historia/periodo-classico-da-grecia-antiga/. Data de acesso: 29/08/2019.
3. Disponível em: https://www.briantracy.com/. Data de acesso: 29/08/2019.
4. Disponível em: https://www1.folha.uol.com.br/fsp/ciencia/fe2103200001.htm. Data de acesso: 30/08/2019.
5. Disponível em: https://exame.abril.com.br/carreira/9-tipos-de-inteligencia-e-as-aplicacoes-no-mundo-do-trabalho/. Data de acesso: 30/08/2019.

CAPÍTULO 3: PROCESSO DE NEUROCIÊNCIA EM APRENDIZAGEM

1. Disponível em: https://www.vangoghmuseum.nl/en/vincent-van-gogh-life-and-work. Data de acesso: 30/08/2019.
2. Disponível em: https://www.wsj.com/articles/SB10001424127887324339204578173252223022388. Data de acesso: 31/08/2019.
3. Disponível em: https://www.ted.com/talks/mihaly_csikszentmihalyi_on_flow?language=pt-br. Data de acesso: 30/08/2019.
4. Disponível em: https://www.bobpikegroup.com/. Data de acesso: 30/08/2019.

CAPÍTULO 4: DROPS SOBRE A TEORIA SIGNIFICATIVA DA APRENDIZAGEM

1. Disponível em: https://m.letras.mus.br/cidade-negra/45268/. Data de acesso: 02/09/2019.
2. Disponível em: http://www.scielo.br/pdf/reben/v72n1/pt_0034-7167-reben-72-01-0248.pdf. Data de acesso: 02/09/2019.

3. Disponível em: https://pt.wikipedia.org/wiki/David_Ausubel. Data de acesso: 02/09/2019.
4. Disponível em: https://pt.wikipedia.org/wiki/Andragogia. Data de acesso: 02/09/2019.
5. Disponível em: http://afferolab.educacao.ws/blog/wp-content/uploads/2016/01/pocket-1-pipeline.pdf. Data de acesso: 02/09/2019.

CAPÍTULO 5: QUAL O SEU MODELO MENTAL?

1. Disponível em: https://12min.com/br/authors/carol-s-dweck#. Data de acesso: 02/09/2019.
2. Disponível em: https://exame.abril.com.br/revista-exame/carol-duek-defende-em-livro-a-importancia-de-valorizar-o-esforco/. Data de acesso: 02/09/2019.
3. Disponível em: https://exame.abril.com.br/blog/sidnei-oliveira/o-mundo-vuca-da-geracao-millennials/. Data de acesso: 02/09/2019.
4. Disponível em: https://www.viacharacter.org/survey/pro/arevolucaodospontosfortes/Account/Register. Data de acesso: 02/09/2019.
5. Disponível em: https://www.skoob.com.br/livro/pdf/comece-pelo-mais-dificil/livro:672849/edicao:674831. Data de acesso: 02/09/2019.

CAPÍTULO 6: NEUROCIÊNCIA E APRENDIZAGEM CORPORATIVA

1. Disponível em: http://www.jameshunter.com.br. Data de acesso: 01/09/2019.
2. Disponível em: https://exame.abril.com.br/edicoes/1155/. Data de acesso: 02/09/2019.
3. Disponível em: https://www.ted.com/talks/paul_zak_trust_morality_and_oxytocin?language=pt-br. Data de acesso: 02/09/2019.
4. Disponível em: https://www.ebiografia.com/abraham_maslow/. Data de acesso: 02/09/2019.
5. Disponível em: https://en.wikipedia.org/wiki/Patrick_Lencioni. Data de acesso: 02/09/2019.
6. Disponível em: https://pt.wikipedia.org/wiki/Net_Promoter_Score. Data de acesso: 02/09/2019.
7. Disponível em: https://pt.wikipedia.org/wiki/Design_instrucional. Data de acesso: 02/09/2019.
8. Disponível em: https://www.ebiografia.com/carl_rogers/. Data de acesso: 02/09/2019.

CAPÍTULO 7: NEUROAPRENDIZAGEM ORGANIZACIONAL

1. Disponível em: https://www.ebiografia.com/peter_drucker/. Data de acesso: 02/09/2019.
2. Disponível em: http://www.cerebromente.org.br/n01/frenolog/frengall_port.htm. Data de acesso: 02/09/2019.
3. Disponível em: https://biography.yourdictionary.com/malcolm-shepherd-knowles. Data de acesso: 02/09/2019.
4. Disponível em: https://www.ebiografia.com/paulo_freire/. Data de acesso: 02/09/2019.
5. Disponível em: http://www2.eca.usp.br/crp/docentes/margarida-kunsch/. Data de acesso: 02/09/2019.

CAPÍTULO 8: REFLEXÕES SOBRE A INTELIGÊNCIA NO PROCESSO DE APRENDIZAGEM CORPORATIVA

1. Disponível em: https://www.ebiografia.com/stephen_hawking/. Data de acesso: 03/09/2019.
2. Disponível em: https://www.ebiografia.com/charles_darwin/. Data de acesso: 03/09/2019.
3. Disponível em: https://revistagalileu.globo.com/Ciencia/noticia/2018/10/teoria-da-evolucao-das-especies-pode-ter-surgido-50-anos-antes.html. Data de acesso: 03/09/2019.
4. Disponível em: https://pt.wikipedia.org/wiki/Howard_Gardner. Data de acesso: 03/09/2019.
5. Disponível em: https://super.abril.com.br/mundo-estranho/o-que-e-a-teoria-das-multiplas-inteligencias/. Data de acesso: 03/09/2019.
6. Disponível em: https://www.ebiografia.com/daniel_goleman/. Data de acesso em: 03/09/2019.
7. Disponível em: https://pt.wikipedia.org/wiki/Robert_Sternberg. Data de acesso: 03/09/2019.
8. Disponível em: https://www.london.edu/faculty-and-research/faculty/profiles/g/goffee-r. Data de acesso: 03/09/2019.

CAPÍTULO 9: FUNÇÕES CEREBRAIS EM APRENDIZAGEM CORPORATIVA

1. Disponível em: https://www.ebiografia.com/jonathan_swift/. Data de acesso: 03/09/2019.
2. Disponível em: https://www.tonybuzan.com. Data de acesso: 03/09/2019.

CAPÍTULO 10: O CÉREBRO EM MUTAÇÃO INFLUENCIADO PELA APRENDIZAGEM CORPORATIVA

1. Disponível em: https://www.ebiografia.com/albert_einstein/. Data de acesso: 03/09/2019.
2. Disponível em: https://exame.abril.com.br/ciencia/estudo-mostra-como-a-plasticidade-induz-configuracoes-no-cerebro/. Data de acesso: 03/09/2019.
3. Disponível em: https://pt.wikipedia.org/wiki/Suzana_Herculano-Houzel. Data de acesso: 03/09/2019.

CAPÍTULO 11: A ATENÇÃO NO PROCESSO DE APRENDIZAGEM CORPORATIVA

1. Disponível em: https://portaldalecarnegie.com/quem-foi-dale-carnegie/. Data de acesso: 03/09/2019.
2. Disponível em: https://exame.abril.com.br/blog/gestao-fora-da-caixa/por-onde-comecar-um-movimento-de-mudanca-para-ele-dar-certo/. Data de acesso: 03/09/2019.
3. Disponível em: https://www.portal-gestao.com/artigos/7531-o-comportamento-organizacional-de-chris-argyris.html. Data de acesso: 03/09/2019.
4. Disponível em: https://www.researchgate.net/publication/232485523_Educating_the_human_brain. Data de acesso: 03/09/2019.
5. A vantagem humana: como nosso cérebro se tornou superpoderoso. Suzana Herculano-Houzel. São Paulo: Companhia das Letras, 2017.

CAPÍTULO 12: PROCESSOS EMOCIONAIS EM EDUCAÇÃO CORPORATIVA

1. Disponível em: https://www.ebiografia.com/socrates/. Data de acesso: 03/09/2019.
2. Disponível em: http://g1.globo.com/Noticias/Ciencia/0,,AA1393203-5603,00-MEMORIA+VIVIDA+DOS+ATENTADOS+DE+ESTA+VINCULADA+AS+EMOCOES.html. Data de acesso: 03/09/2019.
3. Disponível em: https://pnloriginale.it/robert-dilts-biografia. Data de acesso: 03/09/2019.

CAPÍTULO 13: APRENDIZAGEM CORPORATIVA E MEMÓRIA

1. Disponível em: https://pt.wikipedia.org/wiki/Eckhart_Tolle. Data de acesso: 03/09/2019.
2. Disponível em: http://ead2.fgv.br/ls5/centro_rec/pag/biografias/marisa_eboli.htm. Data de acesso: 03/09/2019.
3. Disponível em: http://afferolab.educacao.ws/blog/wp-content/uploads/2016/01/livro-6d.pdf. Data de acesso: 03/09/2019.

4. Disponível em: https://www.disneyinstitute.com. Data de acesso: 03/09/2019.
5. Disponível em: https://pt.scribd.com/document/362785100/6-disciplinas-lideranca-pdf. Data de acesso: 03/09/2019.
6. Disponível em: https://www.ebiografia.com/seneca/. Data de acesso: 03/09/2019.

CAPÍTULO 14: OS NÚMEROS NO PROCESSO DE APRENDIZAGEM CORPORATIVA

1. Disponível em: https://pt.wikipedia.org/wiki/Thomas_Edison. Data de acesso: 03/09/2019.
2. Disponível em: http://www.eumed.net/tesis-doctorales/2015/djim/modelo-triple-codigo.htm. Data de acesso: 03/09/2019.

CAPÍTULO 15: O PODER DA RESSIGNIFICAÇÃO NAS EQUIPES

1. Disponível em: https://www.ebiografia.com/lev_vygotsky/. Data de acesso: 03/09/2019.
2. Disponível em: https://www.ebiografia.com/protagoras/. Data de acesso: 03/09/2019.

CAPÍTULO 16: MANEIRAS SIMPLES DE AUMENTAR A PRODUTIVIDADE

1. Disponível em: https://www.ebiografia.com/peter_drucker/. Data de acesso: 03/09/2019.
2. Disponível em: http://www.christianbarbosa.com.br/sobre/index.html. Data de acesso: 03/09/2019.
3. Disponível em: https://www.ebiografia.com/daniel_goleman/. Data de acesso: 03/09/2019.
4. Disponível em: https://en.wikipedia.org/wiki/Simon_Sinek. Data de acesso: 03/09/2019.

CAPÍTULO 17: DROPS SOBRE O MODELO DE AVALIAÇÃO DE KIRKPATRICK

1. Disponível em: https://pt.wikipedia.org/wiki/William_Edwards_Deming. Data de acesso: 03/09/2019.
2. Disponível em: https://www.kirkpatrickpartners.com/Portals/0/About-Us/Don-Kirkpatrick-Bio.pdf. Data de acesso: 04/09/2019.
3. Disponível em: https://elearning.iefp.pt/pluginfile.php/50725/mod_scorm/content/0/ana03/02ana03.htm. Data de acesso: 03/09/2019.
4. Disponível em: https://www.ebiografia.com/lao_tse/. Data de acesso: 04/09/2019.
5. Disponível em: https://en.wikipedia.org/wiki/Bob_Pike_(trainer). Data de acesso: 04/09/2019.
6. Disponível em: https://www.ebiografia.com/platao/. Data de acesso: 04/09/2019.

CAPÍTULO 18: TEATRO, CÉREBRO E PERFORMANCE

1. Disponível em: https://pt.wikipedia.org/wiki/Richard_Branson. Data de acesso: 04/09/2019.
2. Disponível em: https://www.significados.com.br/zeitgeist/. Data de acesso: 04/09/2019.
3. Disponível em: http://enciclopedia.itaucultural.org.br/pessoa18335/antunes-filho. Data de acesso: 04/09/2019.
4. Disponível em: https://www.ebiografia.com/heraclito/. Data de acesso: 04/09/2019.
5. Disponível em: https://www.ebiografia.com/dorival_caymmi/. Data de acesso: 04/09/2019.
6. Disponível em: https://www.correiobraziliense.com.br/app/noticia/ciencia-e-saude/2014/03/09/interna_ciencia_saude,416475/pesquisadores-comecam-a-desvendar-o-funcionamento-dos-neuronios-espelhos.shtml. Data de acesso: 04/09/2019.
7. Disponível em: https://pt.wikipedia.org/wiki/Constantin_Stanislavski. Data de acesso: 04/09/2019.
8. Disponível em: https://www.ebiografia.com/abraham_maslow/. Data de acesso: 04/09/2019.
9. Disponível em: https://www.efdeportes.com/efd68/schilder.htm. Data de acesso: 03/09/2019.
10. Disponível em: https://www.ebiografia.com/elis_regina/. Data de acesso: 04/09/2019.
11. Disponível em: https://www.youtube.com/watch?v=F-BX3Y7h9PU. Data de acesso: 04/09/2019.
12. Disponível em: https://en.wikipedia.org/wiki/Ken_Mogi. Data de acesso: 05/09/2019.
13. Disponível em: https://pt.wikipedia.org/wiki/Eudósia_Acuña. Data de acesso: 05/09/2019.
14. Disponível em: https://www1.folha.uol.com.br/fsp/ilustrad/fq25039839.htm. Data de acesso: 05/09/2019.
15. Disponível em: http://ead2.fgv.br/ls5/centro_rec/pag/biografias/albert_mehrabian.htm. Data de acesso: 05/09/2019.
16. Disponível em: https://www.ebiografia.com/marilia_pera/. Data de acesso: 05/09/2019.
17. Disponível em: https://www.ebiografia.com/carl_rogers/. Data de acesso: 05/09/2019.

CAPÍTULO 19: DEZ MANEIRAS PARA SE COMUNICAR MELHOR

1. Disponível em: https://www.ebiografia.com/socrates/. Data de acesso: 05/09/2019.
2. Disponível em: http://memoriaglobo.globo.com/perfis/talentos/chacrinha/trajetoria.htm. Data de acesso: 05/09/2019.

3. Disponível em: https://www.ebiografia.com/heraclito/. Data de acesso: 05/09/2019.
4. Disponível em: https://www.ebiografia.com/peter_drucker/. Data de acesso: 05/09/2019.
5. Disponível em: http://ead2.fgv.br/ls5/centro_rec/pag/biografias/albert_mehrabian. htm. Data de acesso: 05/09/2019.
6. Disponível em: https://www.ebiografia.com/ralph_waldo_emerson/. Data de acesso: 05/09/2019.
7. Disponível em: https://pt.wikipedia.org/wiki/Pierre_Lévy. Data de acesso: 05/09/2019.
8. Disponível em: https://www.ebiografia.com/nelson_rodrigues/. Data de acesso: 05/09/2019.
9. Disponível em: https://www.ebiografia.com/guy_debord/. Data de acesso: 05/09/2019.
10. Disponível em: https://en.wikipedia.org/wiki/Roger_Fisher_(academic). Data de acesso: 05/09/2019.
11. Disponível em: https://www.williamury.com/pt-br/sobre/. Data de acesso: 05/09/2019.
12. O poder do não positivo: como dizer não e ainda chegar ao sim. William Ury, tradução Regina Lyra. Rio de Janeiro: Elsevier, 2007.

CAPÍTULO 20: OS QUATRO OBJETIVOS BÁSICOS DE UMA APRESENTAÇÃO

1. Disponível em: https://www.ebiografia.com/arquimedes/. Data de acesso: 05/09/2019.
2. Disponível em: https://pnloriginale.it/robert-dilts-biografia. Data de acesso: 03/09/2019.
3. Disponível em: https://www.ebiografia.com/socrates/. Data de acesso: 03/09/2019.
4. Disponível em: https://en.wikipedia.org/wiki/Bren%C3%A9_Brown. Data de acesso: 05/09/2019.
5. Disponível em: https://www.ted.com/talks/brene_brown_on_vulnerability?language=pt-br. Data de acesso: 05/09/2019.
6. Disponível em: https://www.ebiografia.com/cartola/. Data de acesso: 05/09/2019.

CAPÍTULO 21: COM QUE ROUPA EU VOU? — INSIGHTS SOBRE A IMAGEM PROFISSIONAL NO MUNDO DOS NEGÓCIOS

1. Disponível em: https://enciclopedia.itaucultural.org.br/pessoa101849/belchior. Data de acesso: 05/09/2019.
2. Disponível em: https://pt.wikipedia.org/wiki/Edgar_Morin. Data de acesso: 05/09/2019.
3. Disponível em: https://www.ebiografia.com/caetano_veloso/. Data de acesso: 05/09/2019.

4. Disponível em: https://www.ebiografia.com/walt_disney/. Data de acesso: 05/09/2019.
5. Disponível em: https://www.ebiografia.com/noel_rosa/. Data de acesso: 05/09/2019.
6. Disponível em: https://en.wikipedia.org/wiki/Brian_Tracy. Data de acesso: 05/09/2019.
7. Disponível em: https://www.linkedin.com/in/benvenutti. Data de acesso: 05/09/2019.

CAPÍTULO 22: AUTOESTIMA E PRODUTIVIDADE

1. Disponível em: https://pt.wikipedia.org/wiki/Stephen_Covey. Data de acesso: 03/09/2019.
2. Disponível em: https://www.ebiografia.com/henry_ford/. Data de acesso: 05/09/2019.
3. Disponível em: http://biografiaecuriosidade.blogspot.com/2013/08/biografia-de-paracelso.html. Data de acesso: 05/09/2019.
4. Disponível em: https://www.ebiografia.com/mahatma_ghandi/. Data de acesso: 05/09/2019.

CAPÍTULO 23: DIVERSIDADE E INCLUSÃO

1. Disponível em: https://www.ebiografia.com/coco_chanel/. Data de acesso: 05/09/2019.
2. Disponível em https://en.wikipedia.org/wiki/Patrick_Lencioni. Data de acesso: 02/09/2019.
3. Disponível em: http://www.unesco.org/new/fileadmin/MULTIMEDIA/HQ/CLT/diversity/pdf/declaration_cultural_diversity_pt.pdf. Data de acesso: 05/09/2019.

CAPÍTULO 24: LIDERANDO PELO PROPÓSITO: O PAPEL DAS LIDERANÇAS

1. Disponível em: https://www.ebiografia.com/jesus_cristo/. Data de acesso: 05/09/2019.
2. Disponível em: https://pt.wikipedia.org/wiki/Stephen_Covey. Data de acesso: 05/09/2019.
3. Disponível em: https://www.ebiografia.com/peter_drucker/. Data de acesso: 05/09/2019.

ENCERRAMENTO

1. Disponível em: https://www.ebiografia.com/madre_calcuta/. Data de acesso: 04/09/2019.
2. Disponível em: https://en.wikipedia.org/wiki/Malcolm_Knowles. Data de acesso: 05/09/2019.
3. Disponível em: https://www.ebiografia.com/sao_francisco_de_assis/. Data de acesso: 05/09/2019.

BÔNUS: CONTRIBUIÇÕES DA NEUROCIÊNCIA PARA APRENDIZAGEM NAS ORGANIZAÇÕES

1. ALCALÁ, Adolfo. Es la andragogía una ciencia? Caracas: Ponencia, 1999.
2. ANDRADE, Vivian Maria; DOS SANTOS, Flávia Heloísa; BUENO, Orlando Francisco Amodeo. Neuropsicologia hoje. Artes Médicas, 2004.
3. AUSUBEL, David P.; NOVAK, J.; HANESIAN, Helen. *Psicologia educacional.* Rio de Janeiro: Interamericana, 1980.
4. BEAR, Mark F.; CONNORS, Barry W.; PARADISO, Michael A. Neurociências: desvendando o sistema nervoso. Porto Alegre: Artmed, 2002.
5. BELLAN, Z. S. Andragogia em ação: como ensinar adultos sem se tornar maçante. Santa Bárbara d'Oeste: SOCEP Editora, 2005.
6. BIANCHETTI, Lucídio. In/exclusão no processo de qualificação profissional: educação corporativa, novos protagonistas e novos *loci* espaço-temporais de formação dos trabalhadores. 2005. Trabalho apresentado no Congresso da Universidade de Aveiro, Portugal, maio de 2005.
7. CHIAVENATO, Idalberto. Administração de empresas: uma abordagem contingencial. São Paulo: McGraw-Hill, 1982.
8. AQUINO, C. T. E. Como aprender: andragogia e as habilidades de aprendizagem. São Paulo: Pearson, 2007.
9. DRUCKER, Peter. Sociedade pós-capitalista. São Paulo: Pioneira, 1993.
10. EBOLI, Marisa. Educação corporativa no Brasil. Mitos e verdades. São Paulo: Gente, 2004.
11. FIDALGO, Fernando. A formação profissional negociada. França e Brasil, anos 90. São Paulo: A. Garibaldi, 1999.
12. FINGER, M., ASÚN, J. M., A educação de adultos numa encruzilhada: aprender a nossa saída. Porto: Porto Editora, 2003.
13. GIL, Antonio Carlos. Como elaborar projetos de pesquisa. 4ª ed. São Paulo: Atlas, 2008.
14. GIL, Antonio Carlos. Projetos de pesquisa. São Paulo: Editora Atlas, 1991.
15. GIL, Roger. Neuropsicologia. São Paulo: Santos, 2003.
16. GOLEMAN, Daniel. Foco: a atenção e seu papel fundamental para o sucesso. Tradução Cássia Zanon. Rio de Janeiro: Objetiva, 2014.
17. GOWIN, D. B. Educating. Ithaca: Cornell University Press, 1981.
18. GOLEMAN, Daniel. Inteligência emocional. São Paulo: Ed. Objetiva, 2002.
19. GUERRA, Leonor B.; COSENZA, Ramon M. Neurociência e educação: como o cérebro aprende. Porto Alegre: Artmed, 2011.
20. HERCULANO-HOUZEL, Suzana. Fique de bem com seu cérebro: guia prático para o bem-estar em 15 passos. Rio de Janeiro: Sextante, 2007.

21. HERCULANO-HOUZEL, Suzana. Neuroliderança. Folha de São Paulo, 2009. Disponível em: http://www1.folha.uol.com.br/fsp/equilibrio/eq0309200907.htm. Acesso em: 26.07.2016.

22. HERCULANO-HOUZEL, Suzana. Neurociência na educação. Belo Horizonte: CEDIC, 2010.

23. IZQUIERDO, Iván. Memória. 2. ed. Porto Alegre: Artmed, 2011.

24. KANDEL, Eric R.; SCHWARTZ, James H.; JESSELL, Thomas M. Fundamentos da neurociência e do comportamento. Rio de Janeiro: Guanabara Koogan, 2000.

25. KNOWLES. M.; HOLTON III. E. F.; SWANSON. R. A. Aprendizagem de resultados: uma abordagem prática para aumentar a efetividade da educação corporativa. Rio de Janeiro: Campus, 2009.

26. KUNSCH, Margarida M. K. Planejamento de relações públicas na comunicação integrada. São Paulo: Summus Editorial, 2003.

27. LIMA, Elvira Souza. Neurociência e Aprendizagem. São Paulo: InterAlia, 2007.

28. LITTO, Frederic. M.; FORMIGA, M. Educação a distância: o estado da arte. São Paulo: Ed. Pearson, 2009.

29. MARCONI, Marina de Andrade; LAKATOS, Eva Maria. Metodologia do trabalho científico. São Paulo: Editora Atlas, 2010.

30. MATTOS, Alexandre Morgado. Organização: uma visão global – introdução-ciência-arte. 2ª ed. Rio de Janeiro: FGV, 1978.

31. MEISTER, Jeanne. Educação corporativa. São Paulo: Makron Books, 1999.

32. MOREIRA, Marco Antônio. Aprendizagem significativa. Brasília: Editora da UnB, 1999.

33. NOGUEIRA, S. M. A andragogia: que contributos para a prática educativa? Revista Linhas. v. 5, n. 2, 2004.

34. OLIVEIRA, R. A Teoria do capital humano e a educação profissional brasileira. Boletim Técnico do SENAC, v. 27, n. 1, p. 27-37, jan/abr., 2001.

35. PAVÃO, S.M.O. *Competência emocional: um enfoque reflexivo para a prática pedagógica.* 2003. Tese de Doutorado. Programa de Doutorado Innovació e Sistema Educativo. Bellaterra/Espanha. Disponível em: http://www.tdx.cat/bitstream/handle. Acesso em: 30 mai. 2015.

36. PINTO, Graziela Costa. O livro do cérebro 3: memória, pensamento e consciência. São Paulo: Duetto, 2009.

37. RELVAS, Marta Pires. Neurociência e educação. Ed. Wak, 2010.

38. RIBEIRO, Sidarta. Tempo de cérebro. Estudos avançados, v. 27, n. 77, 2013.

39. RODRIGUES, J. Moderno príncipe industrial: o pensamento pedagógico da Confederação Nacional da Indústria. Campinas: Autores Associados, 1998.

40. SIQUEIRA-BATISTA, Rodrigo; ANTÔNIO, Vanderson Esperidião. Neurociência da mente e do comportamento. 2008. Disponível em: http://www.scielo.br/pdf/anp/v66n3b/a42v663b. Acesso em: 26/07/2016.

41. TARDIF, Maurice. Saberes profissionais dos professores e conhecimentos universitários: elementos para uma epistemologia da prática profissional dos professores e suas consequências em relação à formação para o magistério. Rev. Brasileira de Educação, Rio de Janeiro, n.13, p.655-676. Jan/Fev/Mar/Abr. 2000.

CAPÍTULO 25: APRENDIZAGEM E APRENDIZ – INSIGHTS SOBRE O FUTURO

1. Disponível em: http://www.livronautas.com.br/ver-autor/543/alvin-toffler. Data de acesso: 05/09/2019.
2. Disponível em: http://www.llcq.org. Data de acesso: 05/09/2019.
3. Disponível em: https://medium.com/fala-clara/o-lifelong-learning-chegou-para-ficar-adapte-se-c70f68841065. Data de acesso: 05/09/2019.
4. Disponível em: https://www.pensador.com/autor/osho/biografia/. Data de acesso: 05/09/2019.

ÍNDICE

A

Abordagem Centrada na Pessoa, 45

Abraham Maslow, 43, 49, 105

Albert

Einstein, 65, 69

Mehrabian, 116

Alvin Toffler, 5

Ambiente de aprendizagem, 29

Andragogia, 8, 33, 51, 121

Andrew Jefferson, 79

Antunes Filho, 103

Aprendizado

contínuo, 50

flexível, 18

Aprendizagem, xii

autônoma, 4

blended, 162

contínua, 3, 9

continuada, 5, 161

corporativa, vii, xi, 7, 44, 61, 70

de adultos, 24, 33, 85

dinâmica, 44

empresarial, 18, 43, 49, 50, 69, 75

formal, xii

informal, xii

mecânica, 33

significativa, 33

Armadilha mental, 7

Atenção

reflexa, 70

voluntária, 70

Autoaperfeiçoamento, 103

Autoconceito, 125, 131

Autoconhecimento, 75, 80, 113, 139

Autoconsciência, 131, 139

Autocontrole, 161

Autodesenvolvimento, 89

Autodisciplina, 6, 17, 38, 93

Autoestima, 23, 61, 131

Autoimagem, 23, 125, 131

Autonomia, 50

Autorreflexão, 51, 105

B

Bagagem de vida, 3, 17, 23

Bob Pike, 29, 98

Brian Tracy, 25, 38, 94, 126

Bruce Barton, 7

Budismo, 4

imaterialidade, 4

impermanência da realidade, 4

C

Calhoun Wick, 79

Capital humano, 18, 65, 69

Carl Rogers, 45

Carol S. Dweck, 37

Charles Darwin, 55, 71

Chris Argyris, 69

Christian Barbosa, 93

Circuitos neuronais, 17, 24, 70

Competências socioemocionais, 17

Comportamento organizacional, 69

Conceito V.U.C.A., 38

Conexão emocional, 25

Conhecimento é poder, 3

Constantin Stanislavski, 105

Crenças, 38, 85, 89

Cultura
  de aprendizagem, 19
  organizacional, 19, 33, 49, 80, 126, 136

D

Daniel Goleman, 56, 94

David Paul Ausubel, 33

Democratização do conhecimento, 3

Desenvolvimento organizacional, 49

E

Edgar Morin, 125, 135

Educação 4.0, 4, 162

Emoções
  negativas, 85
  positivas, 23, 29

Era
  da conectividade móvel, 18
  da democratização do conhecimento, 5
  da difusão do conhecimento, 3
  da heutagogia, 3
  da pós-popularização da internet, 4
  do conhecimento, 4

Esfera organizacional, 4

Estado mental de flow, 29

Estímulos
  distraidores, 29
  sensoriais, 44

Estrutura mental, 33

Eterno aprendiz, 3, 17, 121

Ética, 135
  da Personalidade, 103
  do Caráter, 103

F

Feedback, 51, 76, 103, 115
  corretivo, 51
  não verbal, 76
  positivo, 51, 104

Fernando Pessoa, 8

Flexibilidade cognitiva, 17, 131

Formação cognitiva, 5

Franz Joseph Gall, 50

G

Guy Debord, 117

H

Habilidades
  socioemocionais, 23
  transferíveis, 3

Henry Ford, 131

Heráclito, 104

Higiene mental, 30

Homo discens, xi

Howard Gardner, 55

I

Imitação, 24

Inteligência

  artificial, 4

  fluida, xii

  interpessoal, 26, 135

J

Jack Dixo, 94

Jung, 82

L

Liderança pessoal, 3, 17

Lifelong Learning, xi, 5, 161

Linguagem não verbal, 114

Locus de controle interno, 6

M

Mahatma Gandhi, 38, 131

Malcolm Knowles, 50

Margarida Kunsch, 7, 52

Marisa Ebole, 79

Mary Rothbart, 71

Maurício Benvenutti, 4

Memória

  auditiva, 23

  de flashbulb, 75

  de procedimentos, 82

  episódica, 81

  explícita, 79, 81

  implícita, 79, 81

  instantânea, 75

  operacional, 79

  semântica, 81

  visual, 24

Método do Ator, 109

Metodologia das Seis Disciplinas, 79

Michael Posner, 71

Mihaly Csikszentmihalyi, 29

Mindset, 37, 89

  de crescimento, 37, 89

  fixo, 37

Modelo

  AIDA, 118

  de Avaliação de Donald Kirkpatrick, 97

  do Triplo Código (MTC), 86

  mental, 3

Modernidade líquida, xi

Mudança comportamental, 23, 65

N

Net Promoter Score (NPS), 44

Neuroaprendizagem, 23, 24, 38, 51, 57, 75

Neurociência, xi, 19

  cognitiva, 17, 23, 26, 49, 65, 80

  organizacional, 43

Neurolinguística, 89

Neurônio-espelho, 105

Neuroplasticidade, 38, 44, 65

O

Oportunidade de aprendizagem, 4

Organização mental, 6, 25

P

Patrick Lencioni, 43

Paulo Freire, 5, 9, 52, 62

Paul Zak, 43

Pensamento libertador, 7

Performance mental, 45

Persistência, 17

Peter Drucker, 116, 140

Pierre Lévy, 117

Pirâmide de Maslow, 43

Platão, 17, 23, 98

Potencialidade das relações humanas, 3

Princípio de Pareto, 93

Proatividade, 3

Processo de aprendizagem, 3, 18, 23, 75, 79

Produtividade, 93

Programa de aprendizagem, 29, 49, 86

Protágoras, 89

R

Relações cognitivas interpessoais, 3

Repetição, 17, 80, 82

Ressignificação, 89

Robert Dilts, 75, 121, 122

Rob Goffee, 57

Roy Pollock, 79

S

Segurança psicológica, 44, 49, 51

Self-directed learning, 4

Sêneca, 81

Simon Sinek, 94

Sociedade do espetáculo, 117, 125

Sócrates, 113, 121

Stephen Covey, 6, 139

Storytelling, 25

Suzana Herculano-Houzel, 65, 69, 71

T

Teatro, xi

Tempos líquidos, xi

Teoria

da Escada de Inferência, 69

das Inteligências Múltiplas, 55

Significativa da Aprendizagem, 33

Tony Buzan, 62

Training of Trainers, 7

Transferable skills, 3

Tríade do Tempo, 93

Trilha de aprendizagem, 24

V

Van Adelsberg e Trolley, 80

Visão criativa, 3

W

William Ury, 114

Woody Allen, 7

Z

Zeitgeist, 103

Zona

de aprendizado, 105

de conforto, 8, 105

de crescimento, 105

de medo, 8, 105

Zygmunt Bauman, xi